奧林文化

奧林文化

N SIAMO CAPACI DI ASCOLTARLI: RIFLESSIONI SULL' INFANZIA E L' ADOLESCENZA

聽孩子說

他們希望如何被教育

著 / 保羅 · 克羅培（PAOLO CREPET）
譯 / 張凱甯

序——

教育未來世代的挑戰有多大？

文／保羅・克羅培

從這本小書付梓送印開始，就展開了它一連串奇怪的命運——就在新書出版的前幾天，新里格（Novi Ligure）發生了一個轟動全義大利的家庭慘案（譯註：一個十四歲的少女夥同大她兩歲的男友殺死了自己的媽媽和弟弟。原因是媽媽不欣賞她的男友。這個少女本來想殺死全家，爸爸因為出差才倖免於難。）；巧合的是，我與新里格市長的會議日期正好是這件慘案後的兩天。一些記者懷疑我和這本書的編輯想藉這個事件來促銷這本書，在新聞報導中，指涉我們的冷酷無情和不良意圖。我感到非常不可思議。許多媒體竟然可以如此習於造假，將任何事件都給表演化（以及捏造），完全不去分辨是非真假。這些媒體人以為，我們日常生活裡的每一刻和一部拙劣的真人實境秀的腳本沒什麼兩樣，完全是可以預期的。

很明顯地，這個新聞事件本身與真人實境秀有很大的不同，寓意也更深刻——這本小書裡的許多故事將可以證明。

實際上，這本書之所以受到讀者肯定，和它的出版時機或是種種巧合的事件都沒有關係，而是因為書頁裡觸及了我們現在正面臨的教育危機。書中的論述深入，深具社會代表性，甚至可以說是超越了一般教育理念，而且也表達了父母們對於當今教育制度的關心。

我想，這件慘案給了我們一個最大的寓意是：大人們是否真的了解，在一個生活無虞、安定的社會裡，教育未來世代的意義是什麼?

然而，當大人們漸漸地接近、開始試著了解這個挑戰有多大的時候，站在完成這件事所需要的巨大責任面前，這群大人們卻目瞪口呆。對於這個狀況，我不禁感到不安。整個社會最重要的一個賭注——它的未來，竟然是操縱在一群不專心又無能的人手中。於是，我開始了我的旅程。

我走遍各個廣場、禮堂、劇院、堂區教堂（**譯註：自公元最初數世紀起，羅馬教區劃分為多個區域，各有一間重點教堂或所謂「本堂」，也就是堂區教堂。**）、學校、市政府，不管到哪裡，我總是遇見許許多多的人，他們全都戰戰兢兢，迫切地想要參與，而且，很害怕：新里格事件深深烙下了痕跡。或許，這個事件也為我們指引了一條可能的路，甚至是一條可行的路。

也許，大人們並非真的無法傾聽孩子的心聲，也不是那麼不在乎孩子的未來。只是，我們除了對教育現狀以及教育環境有所醒悟之外，沒有人可以肯定這些年來是否真的發生了什麼改變；或者正好相反，其實是什麼都沒改變。這裡我想暫時離題一下，討論人才養成與職場息息相關的事情。

就在寫作當下，我還不知道這次艱苦的競選活動結果，但是不管誰贏了選戰，都會毫不猶豫地拋棄這些和教育有關的根本問題。

三十年前，一張高中文憑就是求職保證；但今天，沒有任何一位大學教授敢保證一張大學文憑可以幫助學生找到一份真正與他所學相關的工作。既然這樣，那麼何必為了一張大學文憑拼死拼活呢？如果這些年輕人到最後還是得接受職訓，才能在職場上找到自己的定位，又何必需要這張文憑？

問題不只這樣：現在，連比大學更高的學歷也保證不了什麼了。在眾多的碩士課程中，你必須使出渾身解數才能找到一門與自己相合的課程（碩士課程就像是一份包含了任何主題、各種價格以及各種品質的菜單。）。

碩士學位再也無法保證我們的孩子一定能找到一份與他們在學習上所投入的心血相當的工作；還有，經歷漫常的學習，這些孩子就這樣慢慢邁向三十歲關頭，在經濟上卻仍然得依靠父母，這種情況全歐洲未曾有過。

即使我們的孩子最後終於找到工作，有了一份工作合約，但不用多想，合約條件必定是其差無比。「彈性」這個詞變成了「壓榨」的同義詞，所有立的法都是為了讓經營者能夠享有充足而廉價的年輕勞力；相對地，我們的孩子每天卻得擔心僱主終止合約而受制於它。我不禁想：為什麼從來就沒有一位經營者曾好好地思考過，一個付出與所得不成比例的工作，往往只會導致工作者敷衍了事。事實上，工作品質的維護是基於熱情與報酬，而報酬更是工作品質與生產力唯一的保證。這些經營者為什麼就是無法了解，低報酬的「小把戲」並不能幫助我們的國家在全世界的就業市場上占有一席之地，它其實正在為「義大利製造」這個遠大志向建造一座墳墓，也就是我們自己未來的墳墓。

就像我們現在看到的，我們離真正做到傾聽子女的心聲、了解他們真正的需求還很遙遠。更糟的是，我們正在成年人的利益與年輕人的志向之間，製造義大利有史以來最嚴重的衝突。而我們的父母為了要化解這種衝突，除了完全地「接納」、滿足孩子的一切需求之外，似乎別無他法。簡單地說，就是當孩子達到開始獨立生活的年齡時，大人還要為孩子準備好一份可恥的年金（這份年金是身心障礙補助金或者社會年金，就不得而知了。）！

但，這樣做只會對孩子的創造力、學習力、勇氣、熱情、天分發展等，造成巨大而無可挽回的傷害！

這本書的誕生是來自於一個靈感，是我在周遊了一個無比美好、卻在自尊上深深受創的國家之後，針對這個國家的需要所寫的一本書。這本書是為了將我從父母、祖父母、老師、神父以及行政人員那裡聽來的、充滿不安的談話，加以闡釋而產生的。然而，出乎我的意料之外，這本書一出版，許許多多的會談、會議、座談會的邀約不斷地自四面八方湧來，同時帶來了許多反省機會、讓人們的疑慮一一浮現，更幫助了許多人，使他們感覺到自己並不孤單……而這些都讓我的責任增加了十倍。我相信，只有當大家都決定走出家門，願意面對面、開始去思考的時候，我們才有可能戰勝教育這個可怕的挑戰……

給還未出世的小女孩的一封信

假如要我寫封信給一個尚未出世的小女孩，我想我會這麼寫：

到現在為止，隔著羊水和媽媽緊繃的肚皮，妳都聽到了些什麼關於這個世界的事情啊？對於人們的恐懼，妳那還未發育完全的小耳朵又告訴了妳些什麼呢？我在想，我們真的能夠做到愛妳而不過度要求，關心妳而不以催促、煩言碎語、禁止等來填滿妳的生活空間嗎？我們真的能夠察覺到妳的存在——即使是妳保持沉默——並尊重妳的成長，而不是用罪惡感和焦急不安，來使妳的成長過程變得更加沉重嗎？我們做得到只是約束妳，而不讓我們的接觸變成使妳痛苦的要求或是愛的勒索嗎？

我希望妳的聖誕節不會只是爆滿了禮物——那通常是大人用來掩飾自己總是缺席的替代品——而是充滿關心。我希望妳所遇到的大人都是可靠、堅強且言行一致的人，這是最有智慧的人才具有的品德，也是我深切期望妳能擁有的品德。對於妳即將加入的世界，裡頭除了規則之外，還存在著各種不同的關係。在我們的一生中，這些規則與關係將使我們的生命呈現出各種不同的面向，每一樣都是我們生命中不可缺少的。

我也希望有人能教導妳依隨妳的情感而行，包括痛苦，就像老鷹一樣，可以隨時依附著最不可測的風而起。我更深切希望有人能告訴妳，生命的過程也包含死亡。死亡所帶來的失去並不是只有痛苦而已，它也是一種真情的展現，是獲得而不是消失；死亡是一種見證，因為我們把最好的留給了他人，而且可以很有信心地說其他人將因此而感到愉悅：回憶就是這樣誕生的，我們自己的故事就是最好的記憶。

我還希望有人能教妳獨處，因為獨處可以拯救妳的生命。學習獨處，妳就不必以平庸的事物來填滿空虛，也不用去苦求一個關注的眼神或者一小時的愛。

學著在生活裡去創造自己的生命，並用想像力去填滿它吧！

還有，試著去欣賞妳的焦躁不安，直到妳有了力量，能以微笑看待它。然後，試著用妳的力量和微笑來感染他人！特別是那些膽小、容易受傷的人。把妳那無所畏懼的風獻給他們，用好奇傾聽他們的沉默，並且尊重他們無邊的恐懼。

最後，我希望最愛妳的人也可以愛妳的離去，就像一個水手看著他的老船駛離，知道它將穩穩地航行在地平線上那樣，讓妳能永遠隨身帶著那份愛，將她藏在妳最隱密的口袋裡。

目錄

四、大人真的能聽孩子說嗎？

一、孩子為什麼不愛上學？

1 學校必須徹底改變……

每到學年開始，沒有一年不是烏煙瘴氣的：到處充斥著令人不愉快的教育新聞、令人情緒低落的調查數據、關於那些政客從來沒有實現過的教育改革訪問、教師團體習慣性的罷工與工會紛爭……一個充滿不滿、失去教學熱情的教師團體，會讓許多我們在教育方面還未做到或不敢去做的事情完全被忽略了，同時也造成了學校在改革的希望與教育品質嚴重衰退的危險之間擺盪，成為一種奇怪的矛盾之下的犧牲者。儘管這個狀況使得所有人——老師、學生、家長、教育專家——都有很好的理由可以去批評學校，但是似乎沒有任何事情可以撼動這個既定的教育系統。

不過，有一些狀況確實有了改變，如果不將這些明顯可見、正面的改變提出來，就有點不公平了。我們只要看看現在的幼稚園與托兒所，就可以發現這些改變。整體來說，對於學校的教育評估，不管我們採用的是哪一種評估標準，為的都是希望我們的教育能不斷進步。做為義大利的國民，我們終於始為了孩子開始要求更多，也因為整體教育知識的普遍提高，我們不再自卑，終於能與校長、老師及教務主任平起平坐——在不久之前，這種自卑感仍然嚴重地影響我們與學校之間的關係。

今天，整體的教育品質仍讓我們深深感到不滿。儘管數據顯示，學校的教學方法已有進步，但仍有超過百分之五的學生成為中輟生。相較於八〇年代，當時的中輟生數目雖然幾乎是現今的兩倍，但這是因為現在採行的義務教育使學生被淘汰的機率降低，留級人數也明顯減少（從一九八五年的百分十二點六降低到近幾年的百分之六點九）。

超過百分之五的學生成為中輟生、各種教育方面的評估數字落後……種種令人失望的現象主要是因為我們的學校仍然不夠完善。學校還是無法成為年輕人喜愛的地方，不管是在時間或教學科目上的安排，在在都令人失望。有太多學校簡直就是令人連一分鐘也無法待下去。從舒適度與孩子的興趣方面來說，學校並沒有成為一個吸引孩子們去探索、與他人建立深入的關係，以及學習、分享經驗和情緒的地方，就像在一間設備齊全、完善的實驗室裡一樣，可以讓他們感覺自己受到保護，而且有他們所託付的大人以知識與經驗來引領他們。

對於孩子的教育，家庭與學校絕對有必要針對原先的協定重新商議，付予彼此新的功能與義務。在現在這個社會，我們生活中的每個角落都已大大地改變，因此要讓家庭與學校能趕得上這個轉變已是當務之急。

學校必須徹底改變。首先，必須由教課的時間開始：只有上全天課才能符合現今義大利小家庭的需求。現在所有工業化國家都是如此，因為父母必須上整天班，而爺爺奶奶也可能因為其他原因，無法提供照顧孫子的協助。

不過，做了這樣的改變後，孩子們雖然一天大部分的時間都是在學校度過，家庭仍應該負起其他時間的教育責任，例如：平常的晚上時間、周末假日、特定節日、寒暑假等。

面對整個大環境的改變，為什麼我們不願意改變？為什麼老師們要反對重新評估學校上課時間的可能性？是因為如果星期六學校不開放（**譯註：在義大利，星期六學校通常有一些課外活動時間。**），家長可能因無法在星期六工作而強烈抗議嗎？在瑞典與英國，沒有一個小孩在星期六去上學，難道這兩個國家就沒有工作方面的利益考量以及生產線上的運作要顧及嗎？

上學時間的問題，並非如我們所以為的只是個次要的問題。實際上，上全天課可以讓學校由教導機構變成真正的教育機構，因為它不再只是一個提供時間、地點的場所而已，更提供了有助孩子成長的活動機會。同時，父母和孩子也會有更多重新互相認識的機會，而不是只限於吃中飯或星期日的球賽時。不只這樣，學校也終於可以完全把時間用在孩子的學習上，而孩子們則可以在這裡開始和結束他們應該做的活動，老師們也無須再用家庭作業將教學活動延伸至校外。

讓我們站在孩子的立場來思考，用一種不同的方式來規劃大人的生活和工作上的時間運用吧！

其實，大人對學校也有某種程度上的誤解。看看每當新學年開始，那些有如在玩俄羅斯輪盤的家長們：「希望我女兒可以進二年C班，不是二年A班，不然就糟了！」不論是文化養成、人格形成或倫理培養，如果一個壞老師就可以對孩子的未來造成不可抹滅的影響，那麼，為什麼我們要讓這一切繫在一個完全無法預測的因素上？不同的老師將因為不同的準備程度、教學能力，甚至是投注在這份工作上的時間，帶來很大的不同結果。我們要做的是促使老師提升他們的教學品質，而不是把孩子轉班就好了。

老師要求更合理的薪資待遇，是天經地義的要求，但是有太多時候，這樣的合理要求卻完全被這個定期審核薪資的規範給撕裂了。這項薪資審核的項目除了年資之外，也包含老師的專業程度以及教學作業執行度，可是現在很多教師關心的就只有年資、退職金、績效獎金和退休金這些部分，而不是教學成效如何。我們已經永遠輸掉了這一場能夠讓我們的國家文化展現新契機的戰役。試問：這些老師當中，有多少人敢簽一份由工作績效而不是年資來決定薪資高低的工作合約？而且，一旦證明了不適任或者知識不足，馬上就解除職務？試問：在一個不再是齊頭式薪水，也不用再對上面阿諛奉承，老師完全了解自己的價值所在，而且隨時準備好接受有效的評估的制度下，他們敢以提升自己的能力，用更完整、更透明的權利來談判自己的得益嗎？為了薪資問題，到目前為止，老師們已經不知進行過多少次罷工？又有多少次是用停止考試做為威脅？但是，這些威脅之中，有多少要求是針對那些仍然不足的教育者提供完整養成訓練計畫的？

沒有嚴謹的教師養成計畫、沒有合理的薪水、沒有全職教師，也沒有一套可以持續有效評估教師表現的系統，我們怎麼有辦法建立一個符合孩子迫切需要、可以緊緊抓住他們的心的地方呢？

儘管我們的教育現況面臨這麼多不利條件，但是老師們還是可以憑著不同的目標與工具，去面對學生越來越常產生的不安，在學生的文化養成與心理發展上扮演著重要的角色。在孩子的成長過程中，他們所要面對的情況不下於一場戰爭。老師是學生每天會面對的成年人，對學生來說，在他們的成長過程中，老師可以說是具有戰略意義的參考座標——老師們必須提供言行一致的身教、懂得傾聽、有能力做判斷，還要有寬容心。因為當做父母的不夠用心，無法成為孩子的楷模時，孩子將因為找不到人格的參考座標，而感到孤獨與不安。就像與朋友交往一樣，老師很自然地便成為孩子們模仿的對象。

面對弊病叢生的教育現況，父母與老師必須相互合作，而不是陷入角色與權力之爭的無聊遊戲中。

現在的孩子離學校越來越遠了，對他們來說，把學校視為生活和文化的一部分已越來越難。太多時候，他們感覺到自己在教室裡無法被傾聽，只有被批判。這種情形使得孩子與學校工作人員之間的情感連繫越來越薄弱。要改善這個狀況，我們必須由提升教育品質與給予孩子們尊嚴開始，從這裡重新出發。

學校與老師之間，以及與學生之間，再也無法產生緊密的連繫，更別說有任何情感了，因為所有人都用一種疏離的眼光看著它，就好像它和一般大眾無關，和工人也無關，和政府更是不相干。老師、學生有多麼不愛學校，對學校就有多麼沒有歸屬感。近幾年來，有許多教師拂袖而去。這些老師會離開學校，並不是因為和學校之間發生了什麼爭執，也不是因為遭遇到什麼重大挫折。

這一切（至少有一部分）說明了青少年的反應並非像批評他們的人所說的那樣：他們具有某種自虐的天性。實際上，他們只是為了尋求一點點大人們的諒解，一種心平氣和的理解——大人理解的態度是出自於對事實的客觀分析，而不是帶著敵對、有偏見的眼鏡。

每次我在座談會或研討會裡與老師們見面時，同樣的尷尬總是一再發生：我總是在最積極、最努力挽救每個孩子的老師面前批評學校。這就像是在對錯誤的聽眾說話一樣。當我批評學校的不足，我其實並不是在批評與會的老師們所任職的學校，也不是在批評那些時時提升自己、甚至自費購買教科書的老師們。問題主要是出在那些不夠用心的教育者身上。想想，有多少教育者只是教教書，從未參加過和工作上有關的任何活動？

把上學時間改為上整天是一個很基本的議題，它不是為了懲罰教職人員，而是為了教學的尊嚴。教學必須是一種可以看得見的活動（也就是說不能在家裡實施），而且必須完全得到認可；國小的教學活動是一種紮根的工作、一種人才養成的活動，這是連大學教育也無法提供的。如果老師下午放學後，在不受監督時一樣享有酬勞，比如把學校的工作帶回家做，就好像一個飛雅特車廠的工人，下班後還把一隻雨刷帶回家裝一樣地奇怪……

還有，哪一種教師養成教育可以讓老師有能力辨認、面對孩子的焦慮？這些是老師的工作嗎？老師是因為這些工作而領薪水的嗎？一位老師也許可以在一所已經準備好去面對學生們的這種焦慮，而不是把它推給值班心理師的學校裡學習做到這些。如果學校真的想要好好教育孩子，就必須知道怎麼去傾聽孩子。傾聽，的確是老師們都要學習的一個課題。

在波隆那（Bologna）的一場研討會裡，我遇見一位很年輕的數學老師，她告訴了我她的一位學生的故事。那個學生突然變得很悲傷又特別易怒，她問學生到底發生了什麼事？於是，他講，她聽——

前些日子，就在商店打烊之際，他父母開的小小珠寶店被搶了。當時，兩個蒙著面、穿得很體面的年輕人進到店裡，一個掏出槍，另一個用刀把他媽媽押到店後面的小房間。店裡的珠寶大部分都屬於供應商所有，保險公司只會賠償一部分損失而已。

這位老師建議學生在上課時與班上同學談一談這件事，就算只是發洩一下情緒也好。結果，他在班上的談話馬上引發同學們熱烈的討論，有的甚至主張以暴力相對：

「我如果是你，讓我遇到那些賊，我非殺了他們不可……」

「必須提高員警的數量……喔，不只這樣，自己也應該要做好防禦……」

「那些警察一點用也沒有……全都是些只會收受賄賂的人……」

「必須要有死刑……」

儘管老師試著向大家解釋整個問題的複雜性，但一點用也沒有。學生們痛罵、控訴著警方的無能，許多憤怒的話語根本就是大人們面對事情時的態度的翻版。令她害怕的並不是學生言語間的暴力，而是在面對學生的反應時，那種無法停止的無力感，以及她和學生之間無法溝通的情況。到底要怎麼樣面對學生的言語暴力？怎麼樣才能不必冒著失去做為老師的威信的危險，仍然可以保有反對使用暴力、理性地思考整件事情的權利？

這位教師所做的正是人與人的關係中最崇高的一種行為。他讓孩子們有機會說出自己相信的事情，而且讓他們──或者說是允許他們──與那個「教授者」有角色交換的機會：除了監督和批評之外，她提供了做這件事情所需要的時間和空間，讓孩子們去傾聽一位同學的痛苦與不安。這麼做不只幫助了那位同學走出焦慮，對於他因無力感而來的憤怒，以及他所展現的理智，更是給予了很大的尊重與尊嚴。這位老師的做法讓孩子們面對了同學實際的問題，而不只是一個泛泛的討論。用一句話來說：會談的方式比內容更重要。這才是教育，教孩子如何生活。讓孩子自由地把不安發洩出來，讓他的恐懼可以浮上檯面，這樣，當需要的時候，他將可以如法炮製去對付新生的恐懼。遺憾的是，常常在事情發生的當下，父母本身往往已是一團混亂，根本無法教導自己的兒女如何在眾多紛擾的事件與人之間做出正確的判斷。

在教育路上，「人」才是教育的最終目標、最重要的部分。

要把複雜的事情理出頭緒，本來就必須慢慢來。當一位教師在對學生講解他的理念時，他不能苛求學生們馬上就能同理他的想法：說服別人需要技巧，也就是時間。就讓孩子們漸漸地愛上我們本身的力量與言行合一；只要我們真的具備這些特質，孩子們就會在無形中學到如何使用最高階的溝通形式。

如果一所學校可以接納所有因為文化而產生的種種疑慮，而且能夠時時深刻反省，那麼，在這所學校裡，人與人之間的關係將有非常多的可能性。老師的優秀之處，就在於能夠讓孩子自己去吸收他們應該學習的東西，就好像一切都是孩子們自己學習得來的，而非由他人強加在他們身上的一種真理。

2 讓老師們去彎腰吧！

義大利的政府教育單位通常會針對學校做某種全面性的評估，但是如果大家已預期評估結果可能引來強烈責難，那麼要進行這項評估將會遇到很大的阻礙。事實上，數據的確是會說話。最近有一項評估結果是：一千個國中生中，只有一百七十三人可以讀到大學畢業；十個國中畢業生中，只有六個可以拿到高中畢業證書；二十五到三十四歲的年輕人中，只有百分之四十二的人有高中畢業證書（德國百分之九十，英國百分之八十，法國百分之六十）；在工業技術與商業高中（**譯註：義大利的學制是高中就分組，所以不同高中所專注的專業領域也不一樣。**）裡，有將近百分之六十的學生成績中下。再分析一下最近關於學習標準的評量數據，我們可以發現，比起其他歐洲盟國，義大利學校的情況是每況愈下：小學還跟得上其他國家（在參加評比的十五國中，排名第七），國中開始有落後（十七國中，排名第十一）的跡象，到了高中則已是最後一名。

最糟糕的是，二十年前的一項調查結果就和現在的一模一樣。也就是說，義大利的教育狀況不只愈來愈低落，還非常不長進。

義大利政府原本計畫針對所有老師進行教育能力評估，卻引起大部分老師的反對。

這件事對於已是歐洲教育狀況最糟的國家來說，更是雪上加霜。大家都知道，擁有一個專門學科的大學文憑並不表示就知道如何教那一科，所以，為什麼我們要悶著頭把孩子交在那些無能的人手上？而為什麼一個優秀又願意隨時進修的老師不能得到家長們的感謝，甚至是經濟上的回饋？

最近，一個由「國家教育」部長（奇怪，為什麼不稱為「教育」部長就好？）提名的智囊團，針對教育者的養成方式提出了一個方案，其中有一項是教育者必須先接受一年的實習訓練，但這個計畫也引起一些工會強烈的批評。

這些人也許還搞不清楚，學校首先必須尊重的並不是老師的權利，而是兒童與青少年的權益。

一位以皮亞傑（Piaget，兒童心理學的先驅）為師的女士在戰爭剛結束時，來到義大利的利米尼（Rimini）。她很堅定地相信，只要我們相信孩子，我們的國家將會自毀滅與恨意中重生。為了這個信念，她募款想要成立一所依據她的恩師的教誨來運作的幼稚園。一些利米尼的老人仍然記得，她曾經在工地裡上上下下地跑來跑去，為的是要確認泥水匠確實把窗戶的高度定在離地板六十公分的地方。他們問她為何要這麼做？她回答：「當孩子們想看看外面是否下雪的時候，為何要強迫他們墊腳尖呢？讓老師們去彎腰吧！」

3 體罰有用？

義大利真是一個奇怪的國家。她的居民發起一個好幾十億的募款活動，來支持家暴虐童檢舉專線；幾個星期後，最高法院卻裁定，用教鞭來打孩子並不是虐待，只是「糾正方法不當」。

老師打學生的手心、罰學生站在黑板前好幾個小時，所有我讀過的學校都誤解了秩序與規矩存在的意義。沒錯，在我求學的時代，這是常見的事。至今，我仍深深記得我的小學老師，而且餘悸猶存。她曾經罰我跪在一撮花生殼上整整一個小時——那個時代，我們都穿短襪——只因為她認為我不守規矩。我也無法忘記中學時，老師們看到班上一個同學的身上有被皮帶抽打的痕跡時所說的話。他們小聲地說：「誰知道他做了什麼好事？」他們只是在一旁冷言冷語，好像父親打兒子是天經地義的事。

沒有一位教育家可以確定，體罰的教育方式是有根據的，比起這種既粗暴又蠻橫的糾正方式，連古老的獎懲方法都要文明得多了。

你也可以問我，那麼打耳光是否也是權力的濫用，甚至是對孩子的虐待？的確，即使是脾氣再溫和的父母，也有失手甩孩子巴掌的可能；但是，這個動作只是顯現了大人在了解孩子與教育孩子這方面的無能。這就好像去搥打一具收訊不良的收音機，希望可以改善收訊一樣。

肯定打孩子的價值，就如同在孩子的教育中，重新確定一個雄性角色。父親的形象常常只是要求，很少給予。他們一方面希望自己被尊重是一家之主，卻又總是缺席，不管是形體上或情感上都是如此。戒尺與男性一直是威權教育的代表，因此做父親的總是可以在孩子的成長過程中不在場，只需要在晚晚地回到家後，給孩子幾個耳光和一頓責備，確定自己已經盡到做一個嚴厲的好爸爸應盡的義務即可，然後躺在沙發上看電視。

每次我見到婚姻亮紅燈的夫妻，最常聽到的話就是：「為了孩子，我不會離婚。如果只有我自己，我早就離了。」這句話完全是現代版、以成人為中心的教育樣版之一，孩子的觀點總是最後才被列入考慮。說這話的父親或母親一點都沒有想到，孩子並沒有義務天天目睹一段感情關係愈來愈淡，甚至變成恨。如果父母真的想為他們的孩子做些什麼，就應該去傾聽孩子們說的話；只有真正的傾聽，才不需要矯揉造作：因為耶誕夜奶奶要來，就得假裝是個和樂的大家庭，孩子其實很討厭去演這樣的一齣戲。

讓孩子處在這樣的家庭中，不管父親或母親，他們教給孩子的只有：在生命裡，自尊不算什麼，而且父母對自己的愛也不是真心真意的。

4 生命中的導師和英雄哪裡找？

美好的春日早晨。一個座落在四周都是法蘭賈柯塔（Franciacorta）葡萄園的羅瓦多（Rovato）、離布瑞瑕（Brescia）不遠的隱居修院。在這個有著超凡美景的修院裡，只住著幾位修士。

路上，原本以為這將是一個少少人的溫馨會議，沒想到大廳與布滿陽光的長廊裡竟擠滿了年輕人。他們全都安靜地坐著，也都有著好奇又專注的眼神。是什麼讓這群年輕人來到這裡的？絕對不是座談的主題，更不可能是我的名字。答案是修院裡的六位神父，他們像磁鐵一樣，吸引了那些年輕人來到這個小山丘上。神父們在孩子們之間穿梭：他們認識每個孩子，每個孩子也都認識他們。最令人動容的，應該是這些信仰虔誠的人們沉默而簡單的方式，一種不為利益的真誠，堅實而不賣弄的文化，一切都自自然然地展現在他們對待孩子的姿勢與傾聽裡。在那樣充滿安詳的氣氛裡，你可以感覺到，他們為了編織出一張感情連繫網，所展現的堅信不疑及不屈不撓的努力。這張網開啟了一條共同的管道，那是一種共同的語言與文化，呈現出來的是彼此之間好親密的感情。

在這個場合裡，我感受不到任何形式主義或任何虛假的儀式，只有一種無形的威信。

去年夏天，羅馬擠滿了來自世界各地成千上萬的年輕人。其中大部分的人是為了信仰而來，有一些則希望可以接近、實地感受這股情緒的脈動，還有一些是為了找到一份歸屬。不管是哪一種理由，所有人都是為了聽年邁病重的教宗的談話而來。這個舉動表達了他們對某種東西的需求，那是一種目前不容易找到的東西，不管是在方法或質量上，我們的社會都無法提供的東西。那些年輕的孩子們想找的也許並不是教宗，而僅僅只是一個爸爸，或者應該說是一個父親的形象，一個有威信、有能力支配規矩的大人；一個讓大家遵守規矩、自己也不例外的人。這個說法聽起來也許很奇怪，但是對現今世代的年輕人來說，要找到生命中的導師，相信對的事情，或者找到生命中的英雄，並不容易。

現在的年輕人的確讓大人們備感困擾。在大人的眼裡，年輕人的世界是越來越矛盾了：一方面，他們的良知似乎從以前對於神話的需求中，完全解放開來，逐漸被機會主義與自我中心的觀點所控制；另一方面，由那些「教宗的孩子」身上，卻又似乎可以看見他們對精神上與真實的東西有一種饑渴。但這個矛盾只是表面上的，就像憤世嫉俗與自私，常常只是青少年歷經挫敗的找尋之後，反映出來的東西。

威信與規矩都是成長所需要的物質，是孩子們必要的——在他們不受要求、束縛的同時，可能也必須付出激怒雙親的代價。然而，有些大人明正言順、理所當然地把威信和無用的威權主義混淆，這真是一種災難！幾年前，一整個世代的人們才開始反抗父母親的暴力，為自己爭取了某些自由（離婚的自由、關閉特殊學校以及精神病院的自由）；現在，當初那個爭取到自由的世代自己也當上了父母，開始負起做父母的責任，但卻做了一件非常糟糕的事，他們把對新權威的抗爭與必須建立威信這兩件事給搞混了，角色與關係上的困擾就這樣發生了：媽媽變成女兒最好的朋友；爸爸遇到事情時，寧願選擇缺席，或者隨口說句「隨便啦！」，而不是好好做出決定。

才短短的時間，母親的角色由完全的鐵腕權威操控型，變成充滿困擾、缺乏安全感的角色，而這些特質只是使得新一代兒童與青少年變得更加脆弱而已。

近幾年來，許多人不斷提到父母應該要對孩子說「不」。當父母對孩子說出「你愛幹嘛就幹嘛好了！」這樣的話時，就表示他們已經放棄了自己的權威。沒錯，「是」的回答也可以是一種漠不關心的表示、一種企圖脫身的表達。

今天我們最常見的教育方式，正是建立在「是」而不是「不」上。為什麼會這樣？很大部分的原因是大人的罪惡感：因為在面對教育的責任時，發現到自己的不足；因為害怕自己無法承擔這樣的重責大任而刻意缺席，或無法專心投入；因為知道自己把孩子獨自留在家裡或是交給保母照護；因為意識到面對生命中的選擇時，自己做了以成人為主的選擇（比如：選擇成為單親家庭）……這種罪惡感就像石頭一樣，沉重地掛在父母身上。不幸的是，父母或是教育者常常找不到一個可以減輕自己的罪惡感的界限，於是這種罪惡感很快地變得更加膨脹，在大人與孩子的關係上，造成一種負擔。尤其是新世代父親，他們的原則通常比較寬鬆，甚至有一種願意同意任何來自孩子的要求的心理。這些父親之所以這樣做，常常只是因為希望能平衡自己的罪惡感、一種無意識的補償性作為；而這樣的做法，通常又是來自於他們幼時與自己父親之間痛苦的成長記憶，因為他們的父親在他們的成長過程中，比他們自己現在的表現又更不足。

再也沒有比把教育功能的基礎，建立在父母親的罪惡感上更脆弱的事了。

在家庭與社會組織中，禁止和規矩的設立不只很重要，而且就像是一種關係的強化劑。如果希望孩子把「不」好好聽進去，父母或教育者必須在場，因為「不」的本身具有一種關係的意義，也就是情感的關係。

「不」就像是個好的規矩，能讓教育者表現出威信，比「是」更能幫助孩子成長。正因為「不」有重量、有價值，所以必須被說明清楚，而不是只是一個命令而已。就像規矩一樣，「不」的回答也必須前後一致，而「一致」正是建立威信的必要條件。例如：你對著孩子大吼大叫，不可以超過半夜十二點回家，自己卻忘記第二天是兒子的生日，還在兒子的慶生會時遲到一小時，那麼你就沒有建立任何可以受孩子尊敬的威信。

在教育裡，由父母親兩人同時參與、共同建立的威信才完整。如果爸爸訂了一條規矩，卻被媽媽推翻或質疑；或者媽媽訂的規矩受到爸爸的質疑，那麼，在孩子眼中，這對父母將毫無可信度可言。

由威權到威信的過程，顯示了教育的文明發展程度。三十年前，一些德國的社會學家將發生在他們國家的一些事情，解釋為是國家社會主義的權力向上提升。他們談到一個「沒有父親的社會」，或者應該說是一個「沒有規矩」的社會，這樣的社會缺乏感情，完全不懂如何教育孩子關於人與人之間的關係。納粹主義就是由一些「自閉」的成人所建立的，而這些成人完全沒有能力去感受情緒。西門．威爾（Simone Weil）曾寫道：

「我們活在一個時代，在這個時代裡，大部分的人都對一種現象感到既迷惑卻又覺得真切，這個現象就是——包括科學在內的啟蒙文化，人類所建立起來的精神食糧是不足的，而這樣的感覺正帶領著所有人類往最不幸的命運前進。」

人類在精神上的需要，與對社會的倫理規範的依賴有關，因此「教育」這個動作不能沒有「威信」的支持。其實，兒童不只提供了父母親／教育者與孩子／教育者與學生之間所需要的溝通情感，自己同時也在尋找感情的歸屬。

我不知道這一切是否只是發生在這個修道院裡，或者是一些勇敢的父母親與老師們努力的成果？一部很棒的電影《春風化雨》突然從我的腦海中浮現。電影裡那位教授美國文學的老師帶給學生的，不正就是歸屬感的尋找嗎？他用一種熱情的交流，或者說是一種驚人的吸引力，完成了這個歸屬感的實現。如果不是透過一種溫和的威信，這位教授要怎麼樣教給學生關於一個科目的規則呢？在電影裡，導演將這個需要以一種存活的暗喻來呈現：所有可能成為情感歸屬的計畫（校刊、足球隊、詩人朋友們），全都一個個被父親否定了，對這個男孩來說，生命完全失去了意義，因此，他自殺了。

一個人要成長，對於某件事或某個人有某種情感上的寄託是必要的，像是對一種愛、一個理想、一面旗幟、一種信念、一個朋友、一位大師、一個神話。例如：有一些年輕人仍然徒步去向教宗朝聖，有些人想要尋找的是某位神父的那份平靜，另有一些人則是想要尋找一個令他們崇拜的大師，還有一些人需要的是一位可以超越規則、情與理兼具的父親。

每個孩子都渴望有一位勇敢的船長陪伴在身旁，他不只能平靜又溫和地看著他，同時又有能力和熱情去奉獻自己。如果孩子們無法找到一位這樣的船長，他們將因無法擁有情感上的寄託，而孤單地獨自成長。

5 競爭力，不是學校唯一要教給孩子的

這是在一個滑雪勝地舉行的會議。天氣很糟又停電，所以一些當地的年輕人也跑來聽我的演講。會議結束後，我受邀與他們共同晚餐。在這些人當中，大部分都是滑雪教練，他們都很風趣，和我們印象中，沉默、總是繃著臉的山區居民模樣完全不同。就在用餐聊天結束之際，一位特別外向、講話總是帶著諷刺意味的滑雪教練，建議我常常回這個村落看看。他認為，對於想要更進一步深入分析義大利家庭的人來說，每年的滑雪季是最好的觀察機會。

我請他進一步說明。

「舉個例子吧。」他說，「我們靠滑雪吃飯的人都有一個共識，就是不收四歲以下的學生，主要是考慮到孩子的骨骼發育。你知道有多少父母為了不讓他們的孩子錯過這個冬天的滑雪機會，而謊報他們的年齡嗎？」

這是真的嗎？還是這位年輕滑雪教練誇大了事實？

第二天，我在重新開放的滑雪道附近散步時，才相信他所說的。我看見到處都是忙著幫孩子著裝的父母，暫且不說這些孩子是否已經有能力可以自己站在雪地上，個個倒

是都打扮得像迷你版的奧林匹克選手。

為了更進一步說服我，這位滑雪教練還建議我參加星期六下午舉行的閉幕儀式。以一場雪上競賽來做為一個星期的滑雪活動的結尾，當然少不了起跑柵欄、碼錶，還有為小小贏家們準備的迷你獎杯。比賽時，一群大人與小孩全在滑雪道頂端、接近警戒室的一個大轉彎道的起點集合。所有小小孩們全都排好隊，個個身穿緊身五彩滑雪衣、戴著附有名牌雪鏡的滑雪安全帽、身上別著顯眼的號碼牌，依序等待出發。三、二、一……出發！碼錶一按下，每個孩子都奮力撐著滑雪杖好加速前進。

而在起點這一頭，父母們則像瘋了一樣地拍手大叫。其中有個看來四十多歲的父親特別投入，對著正在奮力往大滑雪道跳的女兒下了一道命令：「咬那扇門！」（**譯註：也就是「進攻！」的意思。**）

當天晚上在旅館裡，我遇到了這群仍然為他們的小小冠軍們陶醉的父母親。他們完全無法相信我對整件事所抱持的懷疑態度。「您是住在哪個星球啊？」其中一位母親對我說，「這是一個充滿競爭的社會，我的孩子早一天學會，就早一天具備自保的能力，可以讓他一路往前走下去。」

但是，事情真如這位太太所說的那麼肯定嗎？難道這就是我們唯一知道、唯一能夠、唯一願意提供給孩子們的教育嗎？我們都很清楚這是一個競爭的時代，也早就把「競爭」這件事當成生活中的一部分，因為連在最不可能出現競爭的地方，也可以見到它的蹤跡：有多少孩子曾經看過《金幣》（lo Zecchino d'oro）這個節目？難道波隆那的安東尼亞諾的神父們沒有教這些孩子怎麼把一場遊戲變成競賽嗎？問題是，人們對音樂與歌唱的熱愛為什麼要和比賽扯上關係？有沒有人想過，為了要在數以百萬的觀眾面前表演，那些孩子們要承受何種緊張？還有，只要一想到失敗或是不合格，這些孩子將會多麼地焦慮（**譯註：《金幣》是一個專為兒童創作音樂而製作的電視節目，許多寫給兒童的歌曲也都會在這個節目中發表。這個節目從一九五九年就開始播出，一九六一年移至波隆那的安東尼亞諾這個地方製作。一九六三年成立了一個由五個孩子組成的小小安東尼亞諾聖詩班，後來節目慢慢演變成類似「兒童沙龍」，其中還有小小歌手的選拔，是義大利很有名的兒童節目，而且也在歐洲其他地區播出。二〇〇九年這個節目將歡度五十歲生日。**）？

那位滑雪教練是對的，滑雪假期的確是很好的觀察機會。看著那些如此有自信、目無下塵的家長，全都是來去匆匆、懂得如何對人頤指氣使的人。如果他們連在白色星期（**譯註：在義大利，人們習慣將滑雪的度假期間稱為「白色星期」。**）都這麼焦慮，無法安靜地度過一個小時；談話時如果沒有一個主題，就無法談論下去，那麼，當他們度完假，回到原本的生活環境之後，又會是多麼地神經緊張啊？

競爭力，是我們在這個社會存活的唯一法則嗎？那些具有競爭力的贏家，同時就是最平靜、最快樂的人嗎？學校真有必要依隨這個來自社會組成分子的要求，把所有的孩子都轉化成小小常務董事嗎？或者，學校也可以成為教導那些天生敏感、且不想成為神鬼戰士的孩子如何存活的平和的地方呢？

幾個月之後。在米蘭。我在阿索隆巴達（Assolombarda）總部與一群中學畢業生有一場座談會，主題是他們將來踏入職場所必須面對的問題。座談會進行一段時間之後，通常都要來個例行講話的校長突然出現了。他說了一些很有道理的話，看起來就像是個知曉生命祕密的好爸爸，還認為年輕人都有些渾渾噩噩。在他的談話裡，他講到一句聽起來很平常、但很有象徵意義的話：「還有，我的好孩子們，請你們牢牢記住，活著需要有尖銳的牙齒。」我在心裡對自己說，大師來啦！中場休息時，我問了幾個學生他們對校長的那番講話有什麼看法。

「一看就知道他是那種懂得怎麼過活的人。」一個頗有發言人架勢的學生這麼回答。

「他是個贏家，我們喜歡像他那樣的人……」一個學生說。「你從什麼地方看出他是贏家的？」我問。「您是真的不清楚嗎？如果您需要理由的話，請您走出去到人行道上，您就會看到左邊停了一輛不知道有多長的黑色賓士……我爸爸只有一輛Panda（**譯註：飛雅特車廠出產的一種義大利國民車，屬經濟實惠的車種。**）。在您看來，這兩輛車的主人誰比較厲害？」

如果要贏就必須有尖銳的牙齒，那麼，我們是不是夜夜都得磨牙，而不是只用牙膏刷刷就算啦，是不是呢？

那些學生是有好理由這麼說的。我們只要實際點，好好地看看四周，就不難發現，我們當中大部分的人，都是在這種想法之下出生、長大的。這個想法似乎一直被那些所謂有競爭力的大人們強化著，而這些大人看來都很自以為是、充滿自信，他們堅定地相信，生活中，不是贏就是輸，並且認為用一切可行的手段去達到贏的目的是很合理的。在這種觀念下，已沒有什麼倫理道德規範可言，連應有的成績評估也變成了輸贏的比賽，成為令人疲累的學習阻礙！盡一切手段達成某個目標，成為整個社會大力鼓吹的觀念。於是，在這個過程中，權力、金錢、炫耀奢侈品、自大、暴力……這些在我們的社會裡被視為成功的同義詞和象徵物，就一一顯露出來了。但是，這些就是我們在孩子心目中的父母的形象、生命導師的形象嗎？

在座談會中，總會有人站起來，對這個「失去了基本價值的社會」給予譴責。這些人常常是在五月來臨時，準時要求退稅捐獻的教會人士（**譯註：義大利五月報稅時，稅單上會問退稅捐獻對象，其中一個就是捐給教會。**）。錢，錢，還是錢，連教會的人都只注重金錢，而不是好的行為。既然大人都是這樣的想法，為什麼孩子就不可以套用相同的規則及思考模式呢？

許多大人認為這已是一個好得不能再好的世界，為了一些沒什麼大不了的壞事感到氣憤，反倒成了一種不合時宜的事情。

儘管如此，看看我們的周圍，一種比較不一樣、不這麼自暴自棄的觀點仍是存在的：人們開始討論一種依個人狀況來採取不同評量方式的教育方式。在這種教育方式下，情緒和情感關係成為提升個人能力的催化劑，而不再是一種限制，我們的社會也將可能重新找回對未來的喜悅和驕傲：一個不那麼無聊、不那麼呆板的未來；一個不那麼一言堂——對未來的世代來說——更具有創造力的未來。

6 贏，不是孩子生命中的唯一

從教育的觀點來看，《好棒．棒極了》（Bravo bravvissimo，譯註：類似目前民視的「超級童盟會」節目。）應該被認定為是電視編年史上最糟的節目，但是這個節目卻創造了好幾季的高收視率。節目中，主持人把自己裝扮成一個優雅的妖怪，叫麥克．早安。參加這個節目的主角都是小孩子，但是他們的舉止、打扮卻都是袖珍版大人。這些孩子在節目上載歌載舞、演奏樂器，個個使出混身解數，以極認真、專業的方式來表演才藝，就像是在參加國際選拔比賽。

這個節目簡直就像是一個超大型的中世紀宮廷慶祝會，只不過是侏儒換成了孩子，而大人們就用節目裡的小小標本自娛。看到這樣的畫面，真叫人沮喪！我也可以想像坐在電視機前的幾百萬觀眾裡，一定有一些父母會不自覺地抱怨、想著，為什麼我的孩子連游泳池也不願意去？

無法置信嗎？只要看看星期日早上孩子們的足球賽就知道了——場邊擠滿了家長，不斷地對著孩子耳提面命，那種認真的程度就好像他們的孩子是在參加奧運決賽，如果有教練膽敢在終場前把他們的小小冠軍選手叫出場，這個教練可能會被生吞活剝了。

有些大人可能會認為，學校（以及日常生活裡）應該從孩子小時，就要教他們如何脫穎而出。他們認為，具備這種才能就像是一種保障，但是，在生命的第一個階段表現優異，並不代表從此就能一帆風順。

現今世界上最偉大的小提琴家之一，薩爾瓦多·阿卡多（Salvatore Accardo），以帕格尼尼大賽為例，說明了這個觀念。帕格尼尼大賽是為了最優秀的小提琴新秀所舉行的競賽，創辦至今已經超過三十年的歷史。這個大賽在熱那亞（Genova）舉辦，每年都吸引來自世界各地、最有前途的優秀人選參加。他們全都是以非同凡響的方式，開始自己的職業生涯的專業人士。在熱那亞停留期間，他們必須在一連串的試演會上演奏，每一場的淘汰賽都非常嚴格，最後選出三位決賽參賽者。這三位決賽者都有資格用帕格尼尼生前使用過的、目前由熱那亞市政府珍藏的名琴，瓜拉尼，來參加總決賽的演奏。一般人可能都會認為，這場比賽最後選出來的，一定是一位最具有實力的藝術家，注定要在短短的時間裡，成為偉大的小提琴家。但，事實卻不然。

阿卡多大師指出，在歷屆大賽的三十幾位得獎者中，只有三個真正成為偉大的演奏家。這表示，在擁有高超技巧與成為「大師」之間，有某些東西是技巧所無法成就的，而是與參賽者本身有關的心理特質，包括：自我看重的程度、面對負面事件的能力、承受壓力的能力，以及個人的情感資源等。事實上，這些特質完全無法經由競爭式的教育方式發揮出來。

在家長們不斷地要求下，家庭與學校聯合起來要求我們的孩子只做一件事，就是成為完美的學生，絕對的完美。學校採取了這種教育方式，許多孩子只好被迫去適應這種教育方式。

在這種不健康的要求下，「全班前幾名」成了孩子們所能得到的最好形象。然而，這些被稱為「阿巴斯（Abarth）小孩」的孩子，卻也是最不受約束、最具有野心的孩子。不知道讀者們是否還記得，六〇年代風行一時的小型汽車？那些汽車的外表看來是平常的Cinquecento或Seicento（**譯註：這兩款車都是飛雅特車廠出品的小排氣量國民車。**），可是引擎蓋一掀開，裡面的引擎全是改裝過的，有的樣子很誇張，有的會發出很吵雜的聲音——這麼做全都是為了在女生面前炫耀。這些車都有一個共同點：持續不了多久就掛了。

阿巴斯小孩就像這樣，從外表上看不出什麼，可是他們的頭腦是改裝過的，好可以一直以全速前進，甚至到破表的地步。他們不只是在學校要有好成績，根本就是要排在前幾名才行。「你不是一向都考九十分嗎？怎麼今天只考這樣？是不是分心了、沒有好好讀書？」他們就是那些回家告訴爸爸，今天的義大利文考了七十分時，會聽到爸爸這麼說的孩子。

這些成為班上前幾名的孩子並沒有其他選擇，他們只活在一種面向裡：表現優秀。而許多老師也盡是用一些無益的評語來摧毀孩子的自發天性，成為這個錯亂結構下的共犯，例如：「您的孩子很聰明，可是不用功，他可以做得更好。」這樣的評語就像是在說：「親愛的家長，你們逼孩子是對的，把他們變成冠軍吧！」孩子本身就是聰明的，難道這樣還不夠嗎？為什麼總是要他們做得更好？但是，比聰明更好的又是什麼呢？

除了少數本來就很聰明、在學校不用花費什麼力氣就可以表現得很好的孩子之外，成為班上前幾名的背後，其實隱含了一種勉強，而這種勉強將使孩子產生一種心理危機。這些孩子不可以做正常的自己，也不可以犯錯，他們硬是被趕鴨子上架，被迫成為十項全能。

通常，這些孩子也是比較不被疼愛的小孩。他們只有在表現優異時，才會被接受；只有在表現完美時，才會被喜歡。他們所獲得的感情是有條件、有限制的：「只有妳都考九十分，我才愛妳。妳沒有考好的話，我就不喜歡妳了喔……」許多家長在無意間灌輸孩子，如果他們沒有達到某個目標，就不會被喜愛。對阿巴斯小孩來說，每個人一生下來就被賦予的權利——無條件地被父母接納以及被愛的權利，已經被剝奪了。

對這些孩子來說，最嚴重的心理傷害，並不是要有優良的課業表現才能被愛與被接納這件事，而是他們的父母將課業成績做為評斷他們的依據。這和一個同義反覆的想法有關：一個孩子在學校表現良好，他就是優秀的，這點無須再做任何確認；可是如果孩子的課業表現不好，那麼，他就是完全沒救了。

學校完全無法對我們的孩子做出有效、完整的評估已是個事實，但是大人們卻還不明白，用成績單代表我們的孩子是不公平的。

讓我們來想想創造力這個部分：如果學校不知道如何評量創造力這一項，家長們很可能也不會珍惜孩子的這個特質，尤其是對那些成績平平的孩子。

接著，我們再來想一想高中畢業考：學校真的能給予每個考生一個全面而完整的評估嗎？如果我們之中有人要求參加「畢業考」，老師們真的有能力對我們做出正確的評估嗎？我們是否可以說，只要可以完美無誤地將希臘文或英文翻譯成義大利文，自己就是個「成熟」的人呢（**譯註：義大利文裡的「高中畢業考」與「成熟」是同一個字，此為作者的雙關義。**）？

阿巴斯小孩也會有突然卡住的時候，就像改裝過的引擎會故障，可能發生爆裂式、具有衝擊力的效應一樣。這種狀況通常發生在學期結束時，他們感覺到自己就要失去唯一可以贏得大人的感情與器重的戰場。他們害怕自己不再存在，於是變得討厭自己、瞧不起自己，並認定自己失敗了。這樣的自我懷疑漸漸地擴散到他們的交友上，甚至影響他們與異性的關係，使他們在異性關係上充滿問題。

很多迫使孩子用許多方法傷害自己的過程，都是由勉強達到的完美、絕對的強迫開始的。

父母、老師、教練和神父都具有一種責任跟角色，他們必須去了解：並不是每個人都適合競賽，你無法從競賽中挑選出所有最優秀的人，而是只能選出一些比較從容、不容易被周圍氣氛所影響的人。

二、把屬於孩子的還給他

1 誰能把孩子被偷走的童年還給他？

在梅斯垂（Mestre）的一個冬夜。車站附近的大道站滿了五顏六色的鶯鶯燕燕。她們在行道樹之間徘徊，注意著在她們面前停下的車子：車燈閃爍，引擎呼呼作響。突然，一部警車闖進這個禁果的賣場，買春的人和看熱鬧的人頓時一哄而散。警車鎖定了幾個流鶯，緊追了一陣之後，抓到了其中兩人，然後帶回警察局做筆錄。這兩位女孩非常年輕，但濃妝豔抹使她們看起來比實際年齡成熟許多。大部分人一定都以為她們來自東歐國家，但是警察檢查過證件之後，卻發現她們是義大利人；更令人訝異的是，她們就住在被抓的附近不遠。兩個小女孩一個剛滿十五歲，另一個十六歲，年紀和執勤警察們的女兒相近。她們發誓是自願的，才第三次從事性交易，而每次她們都對媽媽說是要去狄斯可舞廳跳舞。其中一個女孩表示，這麼做只是為了好玩，想看看有多少男人願意花錢跟她們上床。其實，她們這麼做純粹是為了金錢：終於可以買得起平常看有錢同學穿的名牌服飾；對家裡卻說是用在朋友的PUB裡打工賺來的錢買的。

這個新聞事件並沒什麼好大驚小怪的，唯一令人訝異的是這兩個女孩賣身不是迫於貧窮，而是為慾望所驅使，希望不勞而獲就能享受奢侈的慾望。才十五歲就有這樣的慾望，願意做這樣的選擇，真是令人百思不解！

讓人驚訝的還不只這件事。最近有一個由一群美國小兒科醫生進行的調查結果顯示，現代孩子在生理上的發展越來越早熟，女生開始發育的平均年齡提前至九到十一歲左右。這項調查結果指出了一件事：我們的孩子越來越早熟，童年越來越短，玩的時間也縮短了。然而，生理早熟只是個體成熟中的一小部分而已。

一個個體的成熟包含了好幾個部分：認知上的、情感上的、關係上的、社會上的，但是每個部分的成熟進程並非完全一樣。近十年來，有些部分的發展速度的確加快許多，例如：受到多元而豐富的外來刺激，如新科技所帶來的衝擊，認知發展部分很明顯地加快不少。

不久前，我和波隆那知名的兒童劇院帖斯通尼（Testoni）劇院合作。有一天早上，一位多媒體編輯捐了大約十部電腦和好幾副鍵盤給劇院，指明是要給孩子們用的，而且每部電腦都配備了一部複合式光碟機。我試著玩了一下電腦遊戲，一點也不容易，但是印在包裝紙箱上的建議使用年齡卻是四～五歲。我當時想，又是一貫誇張的商業手法。

過了一會兒，來了幾個四、五歲的孩子，巨大的喧鬧聲連老師都無法制止。他們進到電腦室，坐上彩色的椅子，開始玩起遊戲光碟。頓時間，每個孩子全安靜了下來：眼睛瞪著螢幕，手按滑鼠，就好像生來如此似的。在那一刻，他們是嚴肅而專注的。

假如讓一個四十年前的孩子來讀現在的小學，老師可能會覺得這個孩子有很嚴重的學習問題，並馬上請來心理輔導老師。幾十年來，孩子的認知能力以驚人的速度發展著，可是這並不表示孩子整體上的發展就比較成熟了。事實上，現代孩子在成熟發展過程中，某些部分反而有嚴重落後的情形。對於這個現象，我們只要從整個社會的成熟度，或是一個年輕人對自己及其他方面能夠負起什麼樣的責任，就可以發現。

幾十年前，許多年輕人在十八歲時已有自己的家庭、工作和住所。反觀今天的年輕人，你會聽到很多父母對於他們孩子的許多抱怨，像是：缺乏自制力，無法遵守生活規則，或是對於環境的適應力極低。這些完全顯示了這個社會的不成熟（「延長的青春期」這個詞即清楚地表達出這種情形）。

造成這種現象的其中一個因素是：可以讓孩子單獨玩耍、不必有大人在場的空間消失了。像大樓天井、公園、草地等寬敞的空間，今天幾乎全成了荒涼或危險的地方，導致家長禁止孩子到這些場所玩耍，也因此使得孩子的生活裡無時無刻都有大人：專門規範他們的行為的人。

記得在我小時候的某一天，我極度期盼的那一天終於來臨——它可能是每個人生命中最重要的一天。媽媽說：「你明天自己去學校。」這個日子通常是發生在入小學前的某一天，也宣告了一個孩子正式走出童年：從此以後，我們越來越像大人。那些曾經相約在草地上一起踢球的孩子，每個人也都必須開始負起屬於自己的那部分責任，並共同遵守遊戲規則。但是看看今天許許多多報名參加體育活動社團的孩子，他們把這個部分交給一個叫做裁判的成年人來代理執行，導致他們在成長過程中，完全無法學習如何負責任與承擔責任。

情感與關係也是個體成熟必備的部分，但這兩個部分已出現延遲危機，性行為就是一個最明顯的例子。近三十年來，女孩子初經來潮的平均年齡降低了兩歲。由於更均衡、更豐富的飲食，以及更好的照顧，促使性發育早熟，但是，孩子們的情感關係並沒有更穩定、更和諧。面對這個發展，學校與家庭不只要更重視性教育，也必須更注重孩子的感情教育。

孩子在成熟發展過程中，某些部分快速發展，同時卻又受到外來的禁止，這種對立將造成孩子產生內在衝突。很多兒童與青少年無法了解自己是誰，一方面是因為他們越長大越有能力，卻得被迫學習新的科技與觀念，置身在一個成人世界的誘惑之下；另一方面他們又很清楚，在這樣辛苦的成長過程中，很難不遇到一種情況：他們被教導的那些事情，也許永遠都無法實現。這就像大人總是期待要在孩子十四歲時教他們開車，卻又禁止他們在四十歲之前買車一樣。

在非正常的情況下，被迫加快成長的結果是，孩子從被教導到實行之間的等待越來越複雜，造成他們對未來的期待幻滅，不再懷有任何希望。

我們有勇氣把腳從油門上放下來嗎？對於孩子們被偷走的童年，有誰可以對他們做出賠償？又要怎麼賠償呢？

2 允許孩子浪費時間

幾個月前，我受邀到羅馬的一所小學參觀。這所小學一直是以開放的教育方式聞名。去到那所學校，我覺得自己好像成了一個渺小的現代懶人。在那裡，所有的孩子從早上八點二十分就開始一天的活動，但卻不知道何時結束。我聽到一群家長跟老師的談話。家長們問：下午四點半到六點，孩子們是做體操、跳舞好，還是進行戲劇與音樂的排練比較好？

這些孩子們一天被迫「工作」幾乎十個小時，就像五十年前的工人一樣。這些孩子們就像陀螺一樣，整天在一個活動跟另一個活動之間團團轉，只為了向父母和老師證明，他們可以適應大人的任何嚴格要求，而且已經準備好在社會上爭得一席之地。

到了晚餐時刻，這些孩子已經疲倦得無法說出忙碌得像個經理人一樣的一天裡，到底發生了哪些事。

孩子有權好好過他的生活，那應該是一種享受，一場遊戲，一種歡愉，而不是像一場惡夢。可是，我們的孩子現在連在慶祝會上也無法享有這樣的快樂。一些特別有虐待狂的大人想出了一種計策，好把那些整天無所事事、不想做任何有生產力的活動就想度過童年的懶孩子趕出窩。這個發明叫做「活動」，通常是由一個化妝成小丑的人來執行。這個小丑被父母請來的目的，是要把由一群平凡無奇的孩子組成的聚會，變成溝通與社交的場所，好讓大人們安心、確定他們的寶貝已經具備這些能力。

社交，聽到這個詞就令人不寒而慄。活動主持人要是看到有孩子躲在沙發後面，吃著條喝可樂，他馬上就會問：「為什麼你不去跟其他人玩？你怎麼不去排隊，一起玩手牽手、轉圈圈唱歌的遊戲？你為什麼不也去玩嘴含湯匙走過房間、不讓湯匙上的小球掉下來的遊戲？你一個人在那裡做什麼？」

沒有社交活動，已經變成父母和老師的惡夢。假如孩子有喜歡獨處的傾向，馬上就會引發大人的憂慮，甚至急著去找心理師和兒童神經及精神科醫師。大人們總是有一種怪異的想法：孩子的童年必須有足夠的社交活動，社會化程度至少要達到中等程度，否則就不算正常。不只這樣，大人還認為，一個孩子如果沒有達到社會化的中等程度，他的心理也會不健康。

很多大人不願了解，獨處是成熟的一種指標，是一種特別具有意義的成長；獨處表示孩子的成長已經達到了一個程度，平凡的同儕生活再也無法滿足他，所以想要嘗試獨處的生活。發展中的年紀是為了學習拒絕誘惑、為了經歷錯誤、為了面對危機而存在，是無法預測、還未被驗收的成長。休息，是為了走更長遠的路，有時候「暫時停頓」是必要的，就像運動員在獲得更大的進步之前，需要好好休息一樣。

我有一個目標：教導所有熱那亞的學生們如何浪費時間，或者應該說是如何把生活步調放慢，去感受，感受一切，尤其是感受自己。為了達到這個目標，我請了阿基佛脫（Archivolto）劇院的一些演員和音樂家朋友們來幫忙。孩子們都非常喜愛這個活動，但老師們就有點不太喜歡，家長們則是一點也不。

正如之前說過的，這麼做並不是在教孩子懶惰。丟失時間不表示失去它，我只是用一種孩子比較不知道的面向來讓它消逝，也就是感情與關係的面向。然而，在現代孩子的生命裡，只有花費在學習的那一段時間，才被認為是有教育意義的：一天中早被一堆待完成的功課給塞滿，還有一早就排定的時間表，一切都得在快速中進行。

如果我們可以示範給孩子們看，讓他們知道時間的使用是可以有彈性、不那麼硬邦邦的，是可以符合每個人的不同需求的，那麼，孩子們就可以感覺到這個潛在、嶄新、罕見的情緒面向：自己身上那股緩慢流動的情緒。

要對一個孩子解釋，你可以在一分鐘裡，而不是一秒鐘裡喝完一杯柳橙汁，並不是件容易的事，因為對於那段突然膨脹的時間，他可能因為無法預知會發生什麼事而產生反抗，甚至認為自己會因為這個奇怪而突然的慢動作，被視為是壞孩子。但是，如果他能學會去了解，放慢動作和思考代表的是讓自己更富足，比如：慢慢地喝東西，能讓自己跟朋友好好聊天、笑得更開心，那麼，他就會自己去找尋其他不同的生活面向。

跟孩子們談什麼是時間很重要，因為時間已經變成我們生命中一個稀有而不為人所識的東西：我們擁有得越多，就越不知道要怎麼用它。因此，教導孩子們虛度光陰所代表的意義，絕對是有必要的。他們必須知道——

時間，是溝通的點，情感的通道，情緒的十字架；時間，是沉默，停駐的眼神，傾聽；時間，是感官的國，在那裡，觸覺、味覺全都回到對一個人的存在的關注裡；時間，是對「不同」的好奇心，是對「不同」的想像與使「不同」充滿了想像；時間，是想望的祕密通道，也是孤獨，有時甚至是疏離。

只要給孩子們時間，我們就可以教會他們如何尋找它、保存它，他們也將創造出更豐富多彩的生活。

這個教導有多麼地迫切呢？只要想想現在正在進行的科技革命可能帶來的改變——有

一些已經出現在我們眼前——就可以知道了。

這裡，我並不是要討論新經濟（New Economy）理論，但是當我的母親打電話向樓下的雜貨店訂幾百公克的鹹肉時，就是真真實實地在運用科技。雖然現在全世界的買賣交易都已經透過網路了，不過還是得要有電話線才行。

這項特別又具有革命性的科技之網，所節省的就是時間。自有歷史以來，人類第一次可以在工作很少的情況下，賺到一樣多、甚至更多的錢。科技幫助了西方世界的公民——有好幾十年的時間，只有我們是那些有特權的人——避免了繁縟的公文旅行、搬遷、大排長龍，還有開會。總之，節省了一大把時間，讓我們可以把心力投入在具有生產力的活動上，我們的創造力和想像力也得到了釋放。

但是，問題來了：這些在工作上和行政程序上所節省下來的時間，我們要拿來做什麼？我們真的可以不工作又不會有罪惡感嗎？不論在哪一個世界，人的文化都和工作有密不可分的關係，包括倫理和規範。舉例來說，當我們要讚美一個人時，我們通常會說：「他是一個很認真工作的人。」如果網路真的能讓我們脫離這個桎梏，那麼，除了生存所必需的時間之外，對於大多數衣食無虞的我們來說，應該怎麼樣運用那些因為網路而省下來的大筆時間才好呢？

有一次我在佩魯賈（Perugia）開會時遇到一位企業家，當他聽到我談到上述的理念時，打斷我說：「拜託，請不要再繼續說下去了，您讓我好焦慮啊！我只要看到太平洋小島之類的休閒旅遊廣告，裡頭那些美麗的沙灘、蔚藍的海……都會令我立刻對自己說：『如果我必須過兩個禮拜沒有手機、答錄機、傳真機、網路……等這些東西的生活，我想我會死掉……』。」

對我說這些話的人是個很典型的傳統男人，他的想法跟我們刻苦耐勞的祖先一樣；唯一不同的是，幾十年前，工作是活下去必須的條件，但今天人們工作卻是為了可以買奢侈品。所以，未來，也許「勞動的人」將慢慢消失。但有個問題：誰來取代他們？如果人們不再是以工作來辨識他們的身分，那麼會是什麼？

有一個位居管理階層的老朋友邀我去維洛那（Verona）晚餐。在飯局上，我還遇到他的一些年輕同事，他們全都是一群非常投入這個新經濟時代、努力賺錢的人。原以為那會是一場只聊到預算跟跑車的晚餐，但卻完全不是那麼一回事。我生平第一次跟一群大男人談論了整晚的孩子！理由很簡單，這些年輕又富有的經理人在那段壓縮的時間裡大量工作，其他時間就用來享受財富。怎麼享受？舉個例子，他們花很多時間跟孩子一起。換句話說，那些和我一起晚餐的紳士們，一半是認真工作的人，一半是感性的人。感性的關係占滿他們的時間，他們才是朝未來邁進的人。

工時縮短，多出來的時間就應該用來打理情感生活。我們必須把速度放慢下來，並學著去認識彼此。很明顯地，這個腳步已經大步進行中。舉例來說，以前我爺爺只有星期天可以勉強擠出幾小時來，現在我則有時間去度個週末，而我希望我的女兒未來可以過著至少三天長週末的生活。可是，在那麼長、不工作的時間裡，她要做什麼呢？她會像前面提到的那位企業家一樣，充滿焦慮？或是在那個全新的生活裡，悠游自得？她的身分又將有怎麼樣的變化呢？

也許，在不久的將來，將會發生這些情況：

當兩個人互相認識的時候，他們不再對彼此說：「幸會，我姓羅，是個工程師。」而是互相交換一些無關緊要的訊息，比如：「幸會，我姓羅，目前正在熱戀中。」這樣一來，我們的某個部分就會自既有的身分組成中解放出來——那個感性與情緒的部分，那個總是被忽略的部分。

今天的孩子可以是明天「感性的」男人與女人，因此，學校的終極目標就不能只是專注在依隨工作所建立起來的身分識別上，還必須兼顧到其他不工作時的部分；同時，老師也應該教育孩子怎麼樣安心地花用他們的時間而沒有罪惡感。如此一來，我們的社會將不會再只是以事業和收入來衡量一個人的成就，而是以他們與人建立關係的能力、他們將自己轉化為某種人力資源的能力來衡量。

3 沒有愛、擁抱、親吻的孩子……

「義大利與子女分居雙親協會」呼籲，多多利用網路來「維持與孩子們的連繫」，以彌補無法探視孩子期間的親子關係。

網路未必是不好的。住在遠地的父親或母親如果備有網路攝影機，可以透過網路與孩子說話，那麼網路就是個很棒的資源。然而，擁有了這項在一、二十年前根本無可想像的溝通工具，我們反而迷失了說與聽的本質，就好像人與人之間互相溝通的意義永遠消失不見了，取而代之的是虛擬的關係。

以前的移民依賴電報或總是太慢的信件與母國的親友聯絡，而現在的影像電話則可以讓人看到親愛家人的臉龐，看見彼此激動的心情。這個進步讓我們的存在更豐富，但是對於關係的本質，也存在著顛覆的危險。因此，我們不能以為藉由虛擬網路所傳達的話語來維繫與孩子的關係就夠了；尤其是在夫妻分居、親子關係本身已經很脆弱的時候。

關於這個潛藏的危機，早已有人看見這方面的問題，並明確指出現代人對於情感的概念將變得十分貧乏。根據「義大利分居父母協會」的報告指出：現代人日常的溝通多是透過手機，而非近距離的肢體接觸，人們的關係已經電纜化了。這一切深深地改變了關係本身的意義。

當然，這些對我們的孩子來說，根本就沒什麼大不了，因為他們本來就是在科技中成長，而科技在他們的成長過程中所占的比重，可能比來自父母的擁抱還要多。

幾個月前，在北方的一個大城裡，一所小學的校長不得不禁止學生使用手機。另外，曾有個中學生很驕傲地向我展示他的新手機，他告訴我他的手機是最好的一款，因為那款手機有表情符號的功能，或者應該說是新一代的溝通情緒符號。

由虛擬的溝通代替寵愛、親吻、擁抱，這樣被扶養長大的孩子，將會是什麼樣的孩子？

4 真真實實地感受周遭世界

在羅馬的一個村莊裡，我請當地的小學生們畫出彩色的乳牛，但是知道牛長什麼樣子的孩子卻少得可憐，而知道牛是什麼顏色的就更少了。其中，有幾個學生還很肯定乳牛是紫色的，和那隻他們從小到大唯一看過的、在一個知名巧克力廣告中出現的乳牛（**譯註：Milka牛奶巧克力的廣告**）一樣。

知道牛長什麼樣子的小學生少之又少，知道牛聞起來是什麼味道，或者實際摸摸牛是什麼感覺的人就更少了。這並不只是這些孩子的問題而已。實際上，我們日常的感官生活變得日益貧乏；我們度過一天中大部分時間的環境空間不但很有限，還處處受限，因而使得我們很少運用到那些與情緒有關的感官。是什麼造成了這種情形？部分原因是因為人類在進步的過程中，產生了一種無可避免的效應：在人類這個物種為了存活而戰的過程裡，已經不再需要戰略性地使用到感官能力。現在，認知能力——智能、記憶力、適應力、反應力——成為我們衡量一個人的標準，我們以為使用這種方式可以得到更好的溝通。事實上，這種方式只是使溝通的速度變快，但溝通本身卻變得更加表面化。除了一般建立情感關係的儀式速食化之外，連愛情也因為可以快速得到，而變得越來越無趣乏味。速食方式把所有感官都一致化，原本令人誘惑的東西反而變得乏味、無意義了。

和以前的青少年比較，現代青少年的感情世界有了根本上的轉變。有些人將性視為只是生理上的需要，認為只需要以最少的時間、投入最少的情感與感覺來獲得滿足，就像從冰箱拿出一瓶可口可樂，一口氣喝掉它，至於它的味道，連嚐也不嚐。很顯然地，大人們已經將年輕人變成如瑞典導演英瑪．柏格曼所說的：「感情上的自閉症」，在情感上，他們就像自閉症患者一樣，幾乎毫無知覺可言。

面對這種情況，我們必須問自己一個問題：如何重新建立一個教育環境，幫助孩子們再度找回感知的能力，還有熱情，而不是像現在一樣，孩子們將他們身處的教育環境視為暗藏危機的危險區域？要重新獲得感知情緒的能力，只能從恢復所有感官的知覺力開始。但是，這項能力卻常常被壓抑、忽略了，因此家庭和學校都有責任，必須盡力幫助孩子們掌握這個巨大的潛能。

仔細看看我們的孩子，你會發現他們花很多時間看電視、影片，但是這兩種溝通工具再好也只能用到五種官能中的兩種：視覺和聽覺。影片無關觸覺、味覺與嗅覺，即使使用到視覺與聽覺，也是被動的。我們必須提供孩子更完整、更自動自發的教育方式，一種能讓他們有更多期待的方式。

幸好，已經有人開始思考這個問題，例如：翡冷翠的兒童博物館與熱那亞的兒童城，就是以聰明、吸引人的方式來介入教育。

你可以試著問問孩子，是否想像過自己也可以像老鷹一樣地運用眼睛？他是否知道響尾蛇如何在黑暗中鎖定獵物的位置？為什麼鱷魚在水裡也可以看得那麼清楚？帶著孩子們實際走一回，去發現，孩子們將會體驗到原來進入一個知覺的世界，是那麼地迷人！實際上，孩子不單單只會對你送給他的電動玩具有興趣，也會對辨別動物的味道、或是用指腹辨別箱子裡的東西的遊戲而興奮不已。不只這樣，這種實體接觸的方式對家長們也很有用：與孩子溝通，不是只有說與聽，還可以藉由拍拍、親吻的動作，以及喜愛孩子的肌膚所散發出來的氣味等來達到。

5 痛苦和失去帶給孩子力量

常聽到家長說，他們沒辦法帶著孩子去參加祖父或祖母的喪禮，因為他們害怕會「嚇到孩子」。

的確，有一件事情一直是現今的家長們很害怕的：與孩子談痛苦和死亡。原因可能是大人們覺得自己準備不夠，或者其實是大人自己太害怕「痛苦」和「死亡」了，因為這兩個詞正好反映出大人自身的脆弱。於是，痛苦與死亡這兩種情感自孩子們的感情世界中被抽離，因為它們的涵義太沉重了，也因為這樣，大人們不斷地想要把它們與孩子隔開。可是，這麼做反而讓「痛苦」和「死亡」顯得更不自然，讓它們看來更不真實、冰冷。

有些家長告訴我，他們的孩子對死亡與痛苦感到恐懼。但，孩子會加倍恐懼我們所害怕的東西，也就是害怕大人的恐懼。而他們的害怕，其實正好反映了我們做為教育者的不適任、我們的不安，以及當我們想到受苦與失去時，我們難以平靜地面對的模樣。

對孩子們來說，觸及痛苦與死亡的經驗是必要的，而這些經驗對於孩子建立自我認同，也具有計畫性的意義。

在以前的年代，家庭人口數遠比現代小家庭的多，數代同堂更是常有的事。在這樣的家庭生活中，孩子們常有機會目睹家中長輩經歷病弱及死亡的事實。當然，要對孩子說明這樣一件事是很困難的——即使在今天，一樣不容易——因此，父母與家裡的其他大人總會不自覺地以某種行為來幫助孩子面對失去的痛苦。例如：依事件的痛苦程度，孩子們也會得到不同程度的擁抱、關注和溫柔對待，或者在某些生活規矩上，得到較寬鬆的對待，像是：收到要求好久、但因種種原因一直無法得到的東西；可以多玩半小時；或是可以盡情吃平常不行吃的甜食。

對以前的孩子來說，面對死亡，不只有痛苦，也有愉悅；不只是失去，也有得到（更多情感上的確認）。痛苦與死亡除了是去除、離棄與哀悼，也同時包含了情感上的補償，讓情感的天秤能繼續維持平衡。

但是，現在一切正好完全相反。這些對孩子們來說必要的經驗被剝奪了，理由只是為了讓他們避開痛苦的經驗、一種被認為不必要的創傷。他們不能目睹爺爺生病的過程，更無法進一步了解整件事，也因而無法參與失去爺爺的過程。剝奪了孩子的這個經驗，孩子將變得脆弱、不堪一擊，因為他們的情感中，沒有痛苦與死亡的情感認知。他們不但再也沒有機會懂得其中的意義，也因為這些事情從生活中被移除，一旦面對痛苦和死亡，除了害怕之外，他們什麼也不能做。

要怎麼跟一個孩子說明關於喪禮的事情？要怎麼告訴他關於哭泣的人們、一具緩緩降入地裡的棺木，還有關於那個再也不能跟我們在一起的人？

喪禮上不是要跟孩子談爺爺的死，而是爺爺活著的時候：「你記不記得爺爺星期天早上都會帶你去買甜點……還有你跟他的狗一起去田野裡散步？」就在這時，死亡說明了生命、確認了我們存在的意義：透過這個失去的精心計畫，帶著那些回憶和情感，這個孩子將漸漸茁壯成長。

然而，現在痛苦與死亡卻是最常出現在孩子面前的場景，痛苦與死亡成為他們最無感的部分。真實的死亡，與他們在電視影片中、電視新聞裡或是在電玩裡看到過的無數死亡畫面，已沒有差別。尤其是電玩，除了讓死亡變成遊戲之外，現今的電動玩具場還做了什麼？有多少孩子熱中於殺死怪物與外星人？對於新新人類來說，死亡可能只是遊戲結束而已。

只有當父母、老師和教育者都不再害怕與孩子們談論悲傷，也不再教孩子們去避免生命中的每一次挫折，痛苦才有可能再度成為生命中的教材——考不好是很重要的；能夠面對愛情的幻想破滅是很重要的；有能力對不公平的遭遇做出回應是很重要的……只有這樣，孩子們才能學習去認識自己能力的極限，在失望的時候學會控制自己，並且去熟悉自己身上的心理機制。

現在的孩子越來越早熟，對疾病與死亡也很早就有概念，大人必須做好準備，去面對孩子在這個成長階段的改變。如果大人能夠平靜地做到這一點，就意味著孩子們將可以在不那麼脆弱、情感不受勒索的情況下，穩穩地成長；而當大人們這麼做時，孩子們將會看到：在面對生命中的困難時，自己是可以不被自己的恐懼捲走、擊倒的。

前些時候，我受邀到佛林紐（Foligno）為一本新書做推薦。這是一本由當地中學的孩子們合寫的詩集，內容都是和恐懼有關的一些小故事：對於地震的恐懼以及對家園遭遇浩劫的不安與害怕。這群學生在老師們的鼓勵下，經過一番精心策劃，最後展現出令人激賞的成果。

一連串像是無止盡的地球震盪，不只對有形的生活造成威脅，對於個人的內在平衡更是一大考驗。日復一日，人們面對毫無預警卻又令人疲憊的事件的能力，很容易地便逐漸被削弱了。

這本小書就是孩子們擁有能力去面對痛苦、死亡和恐懼的證明，而他們所具有的不凡能力，更是遠遠超出大人的認知。正因為孩子具有這樣的能力，即使像地震這樣的悲劇事件，也能成為他們成長與成熟的機會。這是一種毫無預警、無從預知的痛苦，瞬間便撕裂了他們原本無邪的世界；這種痛苦更嚇壞了大人們，而且使大人們完全顯露了自己所有的脆弱與不足。在孩子們的眼中，只有老人得救，尤其是奶奶們，很明顯地是因為她們曾經承受過更大、更全面的不幸洗禮，也因為如此，她們成為面對整個事件中唯一有經驗的人。

即使孩子們面臨的狀況幾乎是得反過來、由他們去扮演安慰大人的角色；即使得面對不斷出現又神出鬼沒的敵人，他們總是能從這些困境中找到值得冒險與令人興奮的一面；即使這個看不見的敵人出現的時候，總是伴隨著巨響，以及比任何最恐怖的故事裡都還要來得巨大的力量，他們仍然以無比的溫柔完成了這項任務。於是，這場地震成了可以講給那些沒有經歷過地震的幸運孩子們聽的故事。那些沒有經歷過地震的孩子們雖然比較幸運，可是他們卻無從感受這是一個如何令人激動的事件：要怎麼跟一個沒有被高大的黑騎士解救過的孩子，解釋那種被一個高大的黑騎士解救的感覺呢？尤其是這位黑騎士排除了萬難，爬著梯子由臥室的窗戶前來解救你的性命。要怎麼說明，消防隊員是世界上最不可思議、最勇敢的人，他們總是在最漫長的夜裡從天而降，總是最保護孩子與老人的生命？

將災難變成資源，這是只有孩子們才有的魔法。地震不只帶來摧毀與遠離，同時也帶來創造與拉近——害怕令人團結，並且讓人們建立起比平日更堅固的連結。因此，當大家回憶起那些慘劇時，將不再只有悲傷與眼淚，溫暖的情感與溫柔更充滿了每個人的心中。

怪物、害怕與令人措手不及的突發事件，這就是所有偉大童話的祕密，讓人安心也令人訝異。最偉大的童書作者總是有點殘忍的，因為他們喜歡嚇唬小讀者；然而他們絕對料想不到，那些他們講過的絕好故事，後來會變成小孩子孤單一人度過下午時，獨自坐在沙發上觀看的錄影帶。好故事變成獨自觀賞的錄影帶，就像是一齣關於親近、感官的溝通、接觸與不遺棄的親子悲劇（**譯註：這裡的悲劇是指義大利劇作家帕索里尼Pier Paolo Pasolini的一齣悲劇作品，總共包含八段，主要是描述一段充滿衝突與痛苦的親子關係。**）一樣。

佛林紐的孩子教會了我們，恐懼、痛苦、失去的背後，其實還隱藏著情感的另一面。生命包含了一切，當然也包括了痛苦，而真正令人感興趣的正是情感，但是情感裡並不是只有愉悅與快樂而已。生命本就是多采多姿的，除非你甘願把生命本身變成平凡的電視劇。

對大多數人來說，近幾年來，電視上最大的事件既不是足球賽、奧運，也不是高峰會，而是在花樣年華之際，突然去世的年輕王妃的葬禮，以及一段愛情故事。

6 夢想，讓人飛得更高更遠

齊亞拉瓦列（Chiaravalle），安空那（Ancona）省一個小小的鄉。這裡的人們都很想做些事情。在這裡，有一間重新修復用做青少年活動中心的劇院開幕啟用了。活動中心的牆壁是孩子們自己漆的，連其他一些地方的牆壁他們也順便漆了。中心再過去一點，順著林蔭大道的牆上畫著幾個大字：捍衛椴木，把修女變成彩色（**譯註：義大利文椴木tigli與孩子figli的第一個字母t與f很像，學校scuola比修女suola多一個字母c，是塗鴉者寫的白字，原意應該是捍衛孩子，把學校變成彩色。是作者的雙關幽默。**）。

我去了路卡（Lucca），與那些參與「想想城市」企劃的老師們和學生們見面。我問孩子們，希望自己的社區裡有什麼東西？城市裡缺乏什麼？我得到了很多回答，每個回答也都很不一樣，但有一個是孩子們一致同意的：「為什麼你們大人不幫我們在一棵樹上蓋一間樹屋？」

在一次與市長一起召開的會議中，我提出了這個點子。市長斟酌著、思考了一會兒問題之後，小聲地問我：「依您看，地區衛生保健機構（**譯註：義大利的「地區衛生保健機構」管轄的業務範圍很廣，舉凡與地方上公共衛生健康有關的事情都歸這個機構**

管。）會說什麼？」

我們的兒童與青少年真的可以自由地夢想嗎？有人真的準備好傾聽他們的創意想法了嗎？

地震過後幾個月，在馬爾克（Marche）的一個小鎮，一群老師邀請我加入一個為了協助孩子們走出地震陰霾的活動。活動中，我們讓孩子們透過寫文章、設計、畫畫等活動來抒發他們的恐懼。這些孩子寫下了好多好美的日記與詩句。活動後，他們表示不希望這些成果就這樣丟失了，於是我們找了一家印刷廠，把這個活動成果印製成一本書。

一個美麗的五月早晨，這本書終於和大家見面。市公所大廳擠滿人群，孩子們個個雀躍不已，每位老師則是既欣慰又驕傲。那些被孩子們公認最有意思的故事、最好的詩一一被朗誦出來，每一個孩子也都朗誦了自己的作品，並接受鎮長表揚，但只除了一個：密可。密可有三首詩被選上，但他不在場；他沒有唸自己的詩，也沒有接受表揚。

我有點擔心密可，問了他的老師為什麼他不在場。老師安慰我說：「他家沒有被燒毀，他也沒有生病，只是會被留級。他因為不讀書，數學和英文成績糟透了，還擾亂同學上課，而且常常缺席。」

可是，他同時也是鎮上的小小詩人：這是同學們一致的決定。他所寫的那三首詩是所有詩裡面最美的。

我並不是在控訴這些經歷地震的小城老師缺乏敏感度，相反地，為了那些受到驚嚇的孩子們，他們付出很多。密可的事情只是點明了我們的教育文化上的缺失。這件事本身隱含著雙重意義：去除和升級。對這二十七、八個孩子來說，密可是被去除的，或者說是除去了一個情感資源：他的詩，他的天分。在這同時，所有孩子們（當然，除了密可之外）也都很確定，他們被選拔出來並不是因為他們有特別的天分，實際上是因為英文和數學及格的意義被曲解、濫用了。當密可被留級的時候他會怎麼想呢？「我再也不在乎我的詩了……現在我每科都要好好考個六十分，然後我就可以升級了……」

這些孩子和其他地方的許許多多孩子，他們不只想像力與創造力被削弱，更被教導夢想只會令人沉淪，所以還是選個不具什麼挑戰的平庸目標就好了，就像許多大人一樣。

其實，學校是失去不起密可的，孩子們也不能沒有夢想與希望、沒有自己的理想國度，否則，整個社會將會失去更新與重新思考的機會。平庸只會令人變得死板、沉悶、沒有自己的特色，只有想像力與夢想才能讓我們內在的資源復活，而這個資源就是我們得以活下去的祕密。

三、大人可以給孩子什麼？

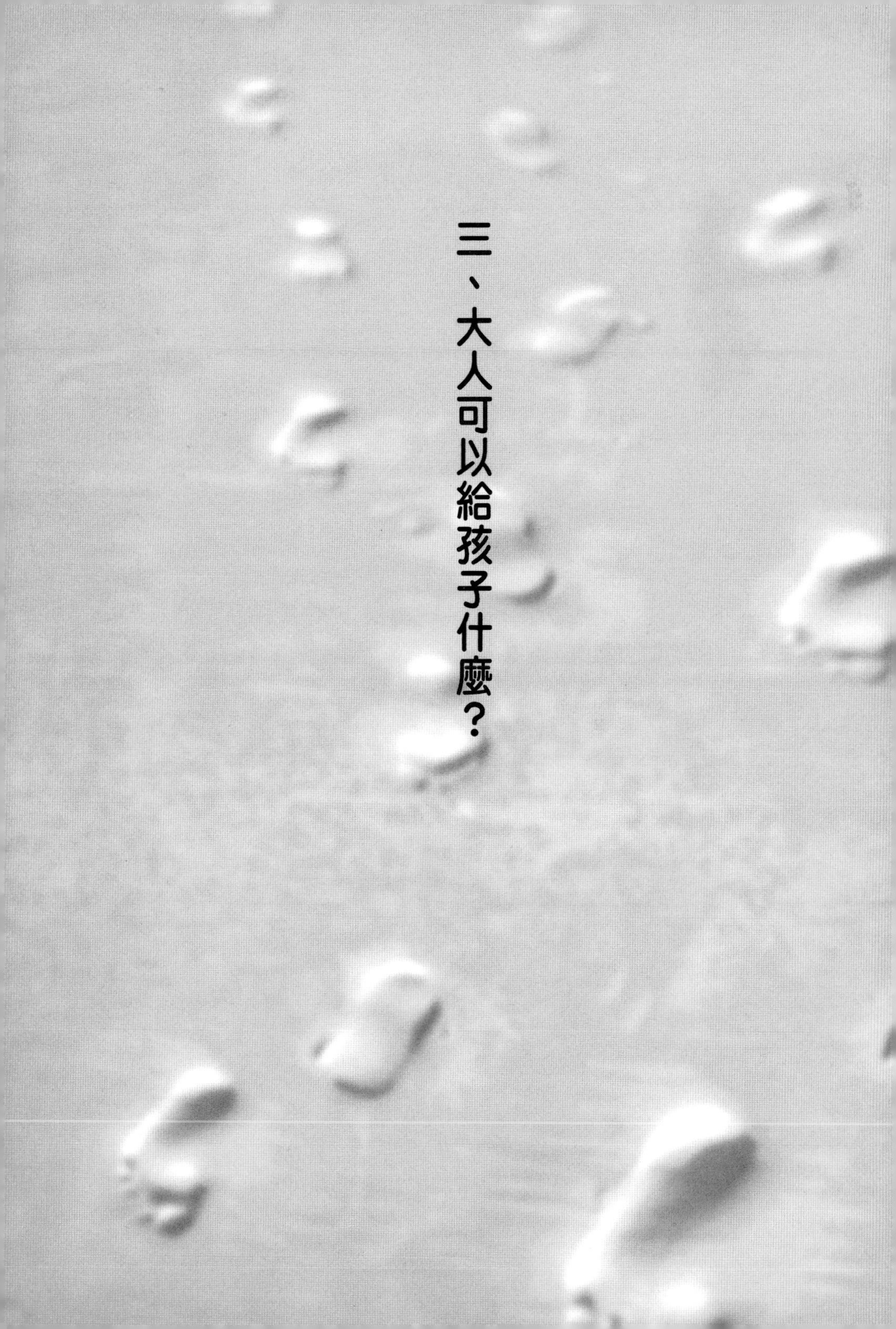

1 愛自己也愛別人……

假日時，試著觀察餐廳裡餐桌上的一家人：父母、孩子，也許還有祖父母。請注意那對父母在子女面前的動作、講話方式和語調。很快地，你會發現只要有小孩在，大人的聲音就會比較尖銳，而且幾乎總是下命令的人在對應該服從的人說話、做單向溝通。你還可以試著去數一數，責備的次數一定遠遠超過稱讚的，即使只是削蘋果這樣一件小事也不例外：孩子一手拿水果，另一手拿刀，動作笨拙而生疏，有點怯怯地看著爸爸或媽媽；不用幾分鐘，就會看到爸爸或媽媽不耐煩地從孩子手上拿過刀子，並且說：「給我！我幫你削，不然等一下你又傷到手！」

孩子對自己的憎恨就是這樣開始的。這是一個很長的醞釀過程，甚至可以持續一輩子。記得有個約五十歲的先生，歷經人生波折，與太太分居和孩子們分開住後，沒有選擇，他只能回到父母的家與父母同住。經過幾天的安頓、重新建立起新生活，他那近八十歲的母親又對著他開始中斷了三十年的對話方式與內容：你要出門啦？外面冷……你穿得夠不夠？小心點，下雨走好……

在這些不同形式的憂慮背後，總是可以看見父母要全權信任孩子的困難；而隱藏在不信任背後的，正是許多父母們都有的一種心態：「如果沒有我……誰知道你會變成怎麼樣？」

這種自私的心態反應了一件必要的事：讓一個角色的生命得以延續。是的，這就是父母的角色，不然這個角色註定要沒落。

地點：切森那提可（Cesenatico）。對象：父母、老師。討論主題：年輕人與星期六晚上的死者。很不幸地，這一帶的星期六晚上常常發生悲劇。

會議中，坐在第一排的兩位女士一開始只是小聲地講著話，然後她們的聲音越來越清楚：「妳去告訴教授妳對妳女兒用的方法……跟他講關於露營車的事……」好奇心被激起的我，便請這位被朋友出賣的女士，為我們講一講她的方法。

這是她的回答：我有一個十六歲的女兒，和她其他的朋友一樣，她跟我要求星期六晚上去狄斯可舞廳跳舞已經好一陣子了。剛開始，我們夫妻一直遲遲未答應，想用拖延方式來阻止，可是後來我們還是投降了。剛開始的幾個周末簡直糟透了，除非我們的女兒回到家，否則我們根本無法入睡，而且只要一接近星期六，家裡的氣氛就變得令人窒息。我們得找到一個解決的方法，因為我們不希望因焦慮而死，又不想限制她跟朋友出去。於是，我想到我先生的露營車……

很棒的點子。每到星期六晚上大概半夜時，這位女士就會把露營車開出來，等她打扮好的女兒上車之後，兩人一起往狄斯可舞廳開去。到了舞廳、在舞廳旁停好了車，女兒便下車去跟朋友們會合，媽媽則穿上睡衣，躺上床看本好書，直到睡著為止。天亮時，女兒敲敲露營車的門，媽媽起床，兩人再一起快快樂樂地回家。

好方法，不是嗎？

看起來是的。我問這位女士：那您想要這麼持續到什麼時候呢？總有一天您會開不動露營車，無法再送您的女兒去狄斯可舞廳，到時候您又要怎麼度過那樣的一個個夜晚呢？您會信任您的女兒嗎？您的女兒將會變得獨立負責嗎？還有，她會喜歡自己嗎？

能喜歡自己、愛自己，代表這個人已經抵達一定的獨立程度。一個獨立的人，知道可以依靠自己的力量過日子。也許，這位媽媽想到的是自己的焦慮，而不是女兒的成長。

教孩子愛自己，是教育中不可缺少的一課，而且應該把它列為學校的戰略性教育項目之一，從孩子小的時候就開始教起。我們的教育方法應該是要鼓勵孩子學習獨立，可是我們卻常常圍繞在消除學生的人格特質以及獎勵智能競爭上打轉：「懂了嗎？」、「是。」、「那麼重複一次。」，我們的教學系統傾向於對教者的能力給予肯定，而不是強化學習者的自治能力。

這是多年前我在丹麥阿爾路斯（Aarhus）的一所大學工作時發生的事。那天，一位同事邀請我去參觀系上附設的一所小學。他們的教學方法簡單到令人不安，所有的事都繞著一天中最重要的事件——午餐——打轉。孩子們會先推選出幾位代表，這些代表必須做的事有：決定當天的採買清單、收錢、到附近的市場採買午餐的材料。從市場回來之後，負責採購的代表必須向大家說明帳目，也要把材料交給負責廚房的同學。大家一起準備，一起吃，當然，老師也參加了。在這個模式之下，孩子們學到了讀、寫、算帳，而且是學得更快更好，因為他們被這些與自己切身相關又直接感興趣的事物所刺激。不只這樣，所有孩子們更學習到什麼叫自給自足，並且發現自己可以應付所有的事情，不必有大人在場監督。這所學校教給了孩子自我尊重。當這些孩子長大了，一定會進一步去發展自己內在的那些自治資源，而且會盡一切努力去達成。

愛，是自我尊重最崇高、也最被推崇的形式；去愛，就表示有計畫、願意挑戰、有能力去相信。因此，要相信未來，就必須愛自己。

愛別人，就表示也要愛自己。但是很不幸地，有些父母教給孩子的是不去愛。不知有多少次我聽到年輕人說，他們的父母所犯的最大錯誤就是結了婚。這麼說表示他們覺得自己是多餘的，是一次因為大人了解不夠所產生的誤會而留下來的產物。孩子有權要求不要像個透明人般地長大，尤其是在應該愛他的人面前；他不應當暴露在應該愛他的人的空洞眼神之下，活像一個無關緊要的物品。

約翰．甘迺迪說：「地獄裡最熱的位子，應該保留給那些面對他人的痛苦過程時，仍然保持中立的人。」愛別人、愛自己，表示戰勝中立、戰勝冷漠。

2 接納不一樣的人事物

不論是在學校或公園裡，我們的孩子都可以遇到同齡的有色人種。孩子會是種族主義者嗎？這個問題在三十年前可能只是個修辭上的問題，但今天我們的國家在面對不同種族共存這件事上，不但顯得不在意，視野也非常狹隘。

但是，關注孩子們面對不同種族的反應是件非常重要的事，因為這件事悠關未來我們國家社會裡的族群能否共存：是引發衝突，還是建立一種不同種族都可以共存的社會文化？

直到幾年前，我們對於社會文明的進展都還給予很正面的評價，不論是精神上或文化上，我們幾乎已經準備好去面對不同種族之間如何共存的問題。有人認為，天主教的傳統強調的是以寬容為基準的和平共存。在這個基準下，那些一直以來未曾發生衝突，各種族間能夠相互交融、進行各種活動的地區，他們的經驗就是很好的例子。但，我並不認同這種說法。因為，對於那些所謂被寬容以待的族群——也就是異文化族群——這些話裡隱含著某種優越感。我們直覺地認為一個已經那麼現代化的國家，應該早就有足夠的抗體來對付這種古老而野蠻的不寬容。然而，事實不然。就像最近發生的教徒被逐出教會的新聞事件，不只政客，一些主教們也公開予以譴責；這個事件更迫使我們重新檢視：種族和平共存是個希望，還是只是個幻影？

從最近幾年的社會研究結果可以發現，我們的孩子對於不同種族的敵視和不信任已日益明顯。這些研究有一部分是以小學生與中學生寫下的文字內容為研究基礎。不過，這些調查還是無法回答一個最基本的問題：面對與自己不同的人時，那種害怕與討厭的態度，是從家庭與社會後天學習而來，還是天生的？

偉大的摩洛哥作家Tahar Ben Jelloun很清楚地回答了這個問題。他認為種族主義者是後天，而不是先天造成的，一切都是依教育者和教育方式而定。他在書裡寫道：

「孩子的天性裡是沒有種族歧視的。孩子並不是一生下來就是種族主義者。如果父母或家人不灌輸他們種族歧視的觀念，他們沒有什麼理由要變成種族主義者。」

不過，我認為Tahar Ben Jelloun的論點很理想主義。他的論點並未深入討論孩子的文化身分和環境之間的關係，對於大人應該做的觀點也有誤導之嫌。因為，沒有一個孩子是不受周遭環境影響的，孩子同時也是適應生活環境中的各種關係之後的產物。打從他們張開眼睛開始，外在的世界就已經對他們施以確定與令人害怕的制約了。所謂的「確定」，是指四周看得見的東西；「害怕」，是指讓某些東西消失的力量。要一個孩子在一個多種族的環境裡長大，並不容易。首先是文化上的問題，也就是身分認同的問題。孩子會認同的是自己父母的文化以及自己成長的那個核心社會，他會想要與渴望大人想要的東西，害怕大人所害怕與恐懼的東西。

因此，在孩子的「天性」裡，既不是有種族歧視也不是完全反歧視，他們並不會評斷別人，只是單純地表達情緒。對他們來說，不一樣的地方——膚色、言行舉止、行事為人——從來非關種族與道德，而是經由旁人的教導而來。

以Tahar Ben Jelloun的說法，孩子並非生下來就是種族主義者，但很明顯地，他也承認了一點：孩子也不是完全反歧視。如果只是採用維持孩子天性的教育方法，未必就能養育出不懼怕和自己不同事物的世代。還有，如果大人對於與自己不同的事物總是感到害怕，並且以這種害怕的態度來與外界溝通，那麼，這樣養育出來的下一代怎麼可能不害怕其他種族？其實，這是可以預見的結果。

孩子們不只是在漫長又辛苦的教導過程中學習，更是從一些日常笑話和動作來學習，例如：在球場裡聽到爸爸的辱罵；當紅燈停下車時，媽媽對那些站在車窗前要求洗車窗的人，所表現的憤怒動作（譯註：在義大利有許多來自東歐、北非或土耳其等國的非法移民，以及許多無國籍的吉普賽人，或者是被人蛇集團運進義大利的非法移民，他們無法找到工作，於是在十字路口自動為等紅燈的汽車洗車窗討錢，義大利人對此非常厭惡。）……這些都會一點一滴地累積在孩子心中，久而久之，自然使孩子對那些膚色與自己不同、或者和自己不同宗教的人，愈來愈不信任。就這樣，悄悄地，一個小小種族主義者產生了。

有時候，我們反而沒有察覺到，最嚴重的種族歧視並不是針對那些長得跟我們不一樣的人，而是那些我們應該要最愛的人。這是一種散布得最廣、症狀卻最不明顯的歧視，我把它叫做「兒童恐懼症」。

3 相信孩子

兩年前，有一對年輕的夫妻來找我。他們住在南部的一個城市，先生是小主管，太太是家庭主婦。悲劇就寫在這對夫妻的臉上：他們有兩個孩子，分別是十歲和十二歲，曾經不只一次被一個和他們同住一棟樓的親戚嚴重地騷擾。這個暴力騷擾持續了好幾個月，那位親戚脅迫兩個孩子保持沉默，直到他們的母親發覺弟弟反常的惡劣情緒與不對勁的行為，經過不斷地追問，才終於問出原因。這對父母想要報警告發這個親戚，但是又害怕兩個孩子之後會受到更糟的對待。

我試著讓他們了解，訴諸法律途徑所必須面對的漫長過程，以及保護兩個孩子、避免他們在訴訟階段中可能產生的痛苦有多麼重要。

幾個星期之後，我得知這對父母很勇敢地採取了行動，報警檢舉那位親戚。他們不只要面對法庭上難堪的場面，更承受了許多人的冷漠以及來自施暴者的冷嘲熱諷。之後有好幾個月，我毫無他們的消息，直到他們打電話告訴我，那位親戚被無罪開釋了。

這對夫妻回到我的辦公室。令他們無法相信的是，他們的孩子被迫承受的另一次強暴卻是合法的。他們告訴我那些來自法院、鑑定單位、心理師、社工等無止盡的漫長訊問，更不用提那些恐嚇電話、各式各樣的恐懼，還有一個為了維護孩子的尊嚴、以及誠實而奮戰的孤單家庭的焦慮。最可笑的是，這位親戚無罪開釋後，來自其他親友及鄰居們的譏諷，以及這位施暴者仍然可以每天大搖大擺地見到他的受害人，對他們微笑。

沒有人相信這兩個孩子。

大人幾乎從不相信孩子。我們的社會總是把成人的權利放在孩子的權利之前，即使是負有保護孩子的責任的人也很難做到這一點。

4 讓孩子不再恐懼……

最近幾個月來，報紙上的新聞被一些令人毛骨悚然的事件占據了：孩子遭受性侵、虐待後殺害。一些衣冠楚楚卻沉浸在最猥褻的人肉市場裡的人，還有在家人也是共犯下，不斷持續強暴與騷擾家中小孩的人，以及那些在夜晚致力於上網買孩子的專業人士，這些人全都是這個悲慘事件的共犯。然而，這些令人不寒而慄的事件，媒體新聞的處理方式不只令人不齒，甚至極為變態：這樣的事件成為最受歡迎的電視新聞，被強暴孩子的照片每個整點被播放一次，不受重視的程度就跟播放一則經濟新聞差不多。

戀童癖事件之所以令人不安，不只因為這種癖好格外隱晦、曖昧，更因為它是所有暴力中最令人痛恨的，因為被施暴的對象是一個正在成長中的生命。戀童癖者利用了孩子的天真，可以說是最卑下的一種犯罪形式。然而，在許多大人虛假的譴責背後，卻藏匿著一種齷齪的共犯結構。

從大人這種無法啟口、言行不一所浮現的殘暴，顯現的不只是許多大人想要從小孩身上獲得發洩的一種慾望，他們沉迷於「兒童的恐懼」的快感中無法自拔，更是一種最令人不齒的惡行。

這不只是對最弱小者的一種輕視、漠視，也顯示了我們無法好好對待最弱小者的無能。強迫一個遭受成人暴力的孩子再去忍受審判程序中的官僚排場、無止盡的訊問以及鑑定，都是大人們帶給「兒童的恐懼」。面對孩子的害怕，我們提出了許多預防措施——我的許多同事都已經這麼做——以免孩子遭受戀童癖者的傷害；但是，如果大家都真的遵行這些規則，我們的孩子將被迫生活在一個焦慮與害怕的環境中，只要有人迎面走來，焦慮與害怕就會產生。

戀童癖並不是有毒的蘑菇，而是一種只需要很簡單的準備就能摘除的變態。戀童癖之所以能成長茁壯，是因為受到一種很普遍又令人不安的現象所滋養，而可惡的共犯結構，又讓虐童的人得以織出妖異的蜘蛛網；這是一個不管社會怎麼進步，也無法超越的醜惡阻礙。這樣的說法聽起來很奇怪又有點矛盾，但是我們的社會的確無法去愛孩子，正如它無法相信年輕人一樣。

依莎貝拉．波西．斐德利歌提（Isabella Bossi Fedrigotti）在一家日報上寫了一篇文章，評論一件發生在兒童身上、令人不寒而慄的案件，而相似的案件已經發生過無數次了。她寫道：

「在這個我們多少都享有特權、有秩序的生活裡……我們根本不能想像，這個社會存在著一些人、幾千幾萬人、有身分有地位的人，在看到孩子們被虐待、被殺害時，居然會感到興奮，甚至覺得享受。」

這位女士很可能是住在另一個星球。這些罪行並非都是在陋室裡發生的，它們也有可能發生在社會菁英出入的織花大廳裡。我們無法假裝自己是活在一個完全由健康的規則所支撐的世界。這個世界有多少父母，甚至是有錢有勢的父母，拋棄了自己的子女、天天毒打他們，甚或強迫他們旁觀驚人的心理暴力與生理暴力的景象？要怎麼樣人們才會明白，漠視與虐待之間其實只是一線之隔？如果不是因為人們特別冷漠與厭惡，虐待就不可能存在？

也許有人會想要否認一個很明顯的事實：許多猥褻兒童的人曾經也是遭受侵犯的孩子？我們怎麼會不了解，那些發生在孩子身上的醜陋事情，也會變成不定時炸彈？這些不定時炸彈也許要許多年後才會爆發，一旦爆炸了，可能是以輕蔑的行為、自我傷害，或是傷害他人的形式呈現，直到最極端、最恐怖的程度。

這個社會上，有許多「靈魂純潔」的人不斷地想要讓孩子們相信一個童話：世界是由好人——那些享有特權的人——和變態的人所組成的；他們甚至連外星人降落在地球上，試圖污染最幼小的心靈、敗壞我們的道德規範等情節都創造出來了。當新聞記者們無法解釋一樁犯罪案件時，就把責任都歸給受損的DNA與暴發狂這樣的制式觀點，好用來解釋為何一個無懈可擊的人，也會毫無預警地犯下滔天罪行。

戀童癖不是天生的，但是可以由後天長成，而且這棵可怕的植物有時候就隱藏在許多家庭中，那份「正常的不尋常」情感關係裡。

5 一個陪伴

一開始只有Carosello廣告（譯註：Carosello是一部卡通，一九五七年首播，主角就叫這個名字，原本是為了推銷一個牌子的洗衣粉，隨著卡通的播出，一連串與卡通及漫畫相關的產品都跟著出現。Carosello所推銷的洗衣粉是義大利第一種藉由廣告大力對小孩洗腦、達到行銷目的的產品，Carosello也因此變成義大利很經典的卡通與漫畫之一。Carosello是一隻頭上戴著蛋殼的黑色小雞，圖片請參考：www.mondocarosello.com。），之後，各種商業電視廣告如雨後春筍般地出現，把孩子當做是征服市場的手段也越來越普遍。孩子們不只變成零食、書包與電動玩具的重要消費者，還可以左右成人的消費內容。那些孩子們在電視上看過的品牌及廣告詞都一一儲藏在他們的小腦袋瓜裡，當他們跟媽媽上超市購物時，這些東西就會從他們的腦袋瓜裡一一浮現出來。

把孩子當成銷售目標已成為廣告市場越來越重要的策略，我們的消費行為也逐漸受孩子們印象最深刻的購買廣告所影響。倫敦的主要廣告公司之一Saatchi & Saatchi，即特別組成了一個專門針對兒童與青少年製作的「有效」電視廣告部門，而且已有一段時間。

這樣的結果並不難預料。這些廣告不但沒有讓孩子們有選擇的自由，還是一種限制。讓我們試著把廣告吸引兒童與青少年大量消費物品的誘惑效果放大來看：孩子們的品味與愛好變得相似，只會買某些東西，而且全部都一樣，他們就在這個模子裡成長。這是一個危機，就好像某些電視節目有決定觀看者的行為與文化模式的危險一樣。

這個情景絕不是用幾乎不可能做到且愚蠢的消音方式，就可以與它抗衡的，唯一能夠與它對抗的，是大人們要負起主要的教育責任；否則，就會是大眾傳播媒體來做這件事了。

然而，讓父母與教育者愈來愈擔憂電視會持續對兒童與青少年造成不良影響，正確嗎？

對於年輕人的許多不良行為，像是：從高速公路丟石頭到足球場的激進份子；從外星人狂熱潮到厭食症，大人常常把電視看成是罪魁禍首，好像除了天主教的餵食管灌輸給孩子們的東西之外，什麼都不可以做、不可以想。

電視並非完全沒有責任，但是認為所有兒童與青少年都被這個黑盒子給洗腦了，還是有些太過了。

對於電視傳遞的訊息，我們通常都高估了它的可看性，卻低估了其中會被接收的訊息內容對人有什麼影響。舉例來說，一個孩子看了電視卡通裡的怪物之後，晚上睡不著或尿床。想想，發生這些不安的原因，只是因為卡通的內容嗎？事實並非全然如此。因為，每一百個看過這部卡通的孩子裡，有不良反應的並不多。其中的差別就在於，這個孩子本身的主觀條件，以及這部卡通被觀賞的方式。很明顯地，那個孩子是單獨一人看，而且在他可以把自己的害怕告訴爸爸媽媽之前，他已經等了好幾個小時。一個有人陪同觀看同一部卡通的孩子，在害怕的當下，馬上有人用一個笑話或一個擁抱來安慰他，他的情緒反應當然和一個沒人陪伴的孩子完全不同。

這個論點不只是用在兒童與電視之間的關係，也適用於青少年與電視之間。試想厭食症問題。我們都知道，這股強烈的不安有一部分是受到公眾媒體人物的影響。不過，問題並不只是電視對我們有什麼影響而已，還要注意的是，拋開了電視，我們的生活模式又會有怎麼樣的改變。今天患有厭食症的名模凱特摩絲，可能是因為深深陷入一種我們一點也不陌生的心理失調危機中，使得她再也無法面對自己的焦慮，也失去了力量去與這股焦慮對抗。

如果我們很確定孩子的行為是每天看電視來的產物，尤其是那些有暴力傾向的孩子，那麼只要把電視關掉不就沒問題了！

另外，關於電視對年輕人的負面影響，在義大利已有好多年沒有人做相關的研究，像是：極端暴力的卡通像洪水一樣，淹沒了我們的家，可是卻沒有人吭一聲。不過，這些論點仍不足以做為指稱電視節目內容是直接導致某種行為的依據，我們只能說，電視節目內容對於已經有這種行為傾向的人的確有影響。

在米蘭的一個研討會上，一位女士告訴我：「我五歲的女兒每天都提早一個小時起床，打開電視看卡通。我要怎麼做才能讓她停止？」

很明顯地，我不用告訴這位女士電視有插頭，因為真正的問題是，那些卡通扮演了保母的角色，而這個方便的角色是家長目前還無法放棄的。

我並不是要替電視辯護，但是也不能說家長都沒有責任。近五年來，介於十五到二十歲的歐洲年輕人，因為專注於電玩及網路，對周遭事物顯得愈來愈冷漠。今天我們認為罪魁禍首是電視，明天可能就會怪罪到網路上，這樣無止境地推卸責任，對於了解兒童與青少年並沒有任何幫助。

法國著名的心理分析師伯納德．班沙德（Bernard Bensaid）有一次告訴我一個小故事：

一位先生晚上回家時，看到有個人在路燈下找東西。「我可以幫忙嗎？」他問。「謝謝您，我在找家裡的鑰匙。」那人回答。於是兩個人開始找了起來。找了一陣子之後，他問那個掉了鑰匙的人：「您確定鑰匙是在這裡掉的嗎？」那個掉鑰匙的人回答：「老實說不是，我在這裡找是因為這裡有燈光。」

電視相對於某些形式的不安，就如同那盞路燈相對於鑰匙一樣：照亮了離我們最近和最令我們快慰的事物，但是卻令我們遠離真相。真正的答案其實就在離我們的心跟我們的腦不遠的地方——造成孩子不安的原因既不是電視也不是網路，而是大人的不在場。

6 一個閱讀自己的機會

有太多時候，那些本來應該屬於反省、學習的空間，反而被急待完成的行政規劃給偷走了。舉例來說，一個劇場或者說是一個特別的劇場是有必要的。你只要到位於波隆那附近的一個小鎮麥第威那（Medicina）看看，就可以知道更多。

每一年的晚春時節，這個小鎮就變成了一個活動的場地。這個活動看似沒什麼，但實際上卻提供了許多家長與老師們一個最有用的經驗。這是一個與波隆那的帖斯通尼劇院合作、在一片田野中進行的活動，叫做「工作之歌」。這個活動全是由一些共同熱愛劇場的年輕男女策劃參加，他們都是一群對於文字、動作、肢體的運用同樣著迷的年輕人。這些年輕人把自己在學年中努力練習的表演呈現在同儕們的面前，最重要的是，同時身為觀眾與參與者的他們，可以在這裡把自己所熱中的事物的意義告訴別人，也讓別人看見他們熱切想要展現這股熱情的企圖心。

劇場活動是一個讓孩子們重新閱讀自己的絕佳活動。經由這些精心策劃的情境重現，孩子們將能重新檢視自己，包括自己內在的衝突、自身的悲劇，還有想像。在這裡，每個人都可以感受到一種特殊的氣氛——一種團聚的感覺，所有人都往同一個地方去，最終聚集在一起；在這裡，每個人都可以與其他人相遇，並告訴別人自己的故事。

在這裡，參與活動的人所要講述的經驗，已經超越了那些演出道具、機器，也不再只是想要表現自己而已，他們創造的是比一般青少年在日常生活中所經歷的還要強的連繫。這正是年輕人在尋找的東西：一個與規則以及已限定好的空間之外的世界溝通的機會，一個超越慣例與平庸儀節的機會。

一起努力——只有孩子們而沒有大人——讓他們找到正確的發聲方式，來說出那些沒有人想聽的話，那些別人可能只是輕描淡寫、點到為止的東西。他們靠自己把自己內在的憤怒拉出來，去談論它，並進一步對它做出反應，然後這個憤怒充滿了意義，一個具有象徵性的意義：不只那個讓他們開始這麼做的人會被感染，那些因為無法自他們的言語中找到共同的消解符號，而無法理解他們或者無力理解他們的同齡同伴，也會不自覺地有一種參與感，因而在他們面前再也不會感到害羞。這麼一來，整個劇場就可以掀開黑暗，超越尷尬的驚愕。

一個好幾個月都不吃飯、月經也沒來的少女，對她來說，是義大利文學比較有用，還是一個讓她受盡痛苦的身體語言，終於可以公開與別人分享經驗的空間有用？一個過動又有暴力傾向的男孩，對他來說，是控制論的課程比較好，還是能好好運用本身過剩的精力，使自己成為注意的焦點，而不被排擠比較好？或許兩者都很好，但是為什麼學校只是安排文學或是控制論的課程？

在這裡，我並不是刻意要把劇場活動當成另一項待完成的功課，而是把它視為自由、富有創造性的一個選擇，主題是年輕人的文化世界，也就是他們想告訴我們大人的事。

當然，這麼做是有風險的。那些為了讓孩子們建立一個全新的外在空間與心理空間，全心全意付出時間與心力的優秀專業人士們也知道這一點。我所指的風險，就是這個經驗將會讓大人們產生更新、更高的期待。的確，它不只改變了參與者，也改變了實施的學校。正如一位教授說的：「在我們共同經歷了這次的經驗之後，要再回到以前的那個教師是不可能的了。」

7 給孩子「不無聊」……

每個星期六晚上，有個女孩子都會跟她男朋友去波隆那附近的外環道飆車。一天晚上，瞬間電光石火，一輛車偏離了車道，直朝她撞去。那年她只有二十歲。

整個事件引一陣嘩然，許多電視節目和報紙更提供了所有可能細節。市長與縣長齊聲砲轟，大聲疾呼要警方加強管制，並決定派一隊憲兵（**譯註：義大利的憲兵有一部分業務與警察重疊**）巡邏隊前往駐守在那個路段。可是，類似的路段光是波隆那就超過十個，更別提其他不知道還有多少城市也存在著這樣的路段了。然而，事件過後，一切都被沉默給吞噬了，沒有人再問起那些數以千計的飆車者到哪裡去——是市長的咆哮讓他們害怕嗎？還是在巡邏車還未接近的時候，他們早已一哄而散？

每年都有數以百計的年輕人死於自狄斯可舞廳或是夜店回家途中的車禍。每次車禍之後，當局就會展示權力、嚴厲干涉，甚至重新討論是否要求店家提早打烊。然後，夏天來臨，年輕人的娛樂市場這塊大餅的利益終究蓋過了良知。於是，同樣的戲碼便這樣一再上演。

這個不幸的飆車事件發生時，一些青少年在高速公路的陸橋上對著行經的車輛丟石頭的事件才發生不久。那時，電視新聞的評論性節目對這個事件的評論和責難不斷，當然，也少不了有一些對世代之間的定義與虛偽的情緒衝動言論，像是：「他們再也分不清是非黑白……再也不知道價值為何物……」。但是，當一切的情緒反應過了之後，又怎麼樣呢？我們的社會真的了解那些一再做出同樣行為的孩子的用意嗎？我們的社會真的能明白，這些事件其實都不只是單一事件，而是與千千萬萬同齡孩子有關的潛在信號？

這些事件之後的幾個星期，我與一群就讀於瓦倫礫．波（Valenza Po）的一所學校的學生碰面。瓦倫礫．波距離悲劇發生地點托托納（Tortona）只有幾公里遠而已。我問學生們意外發生之後，有沒有發生什麼特別的事？他們的日常生活是否因為這樁意外而受到影響？答案是：沒有，什麼也沒發生。還是一樣的Bar，一樣去夜店的夜晚，一樣在雪地裡快速行駛往狄斯可舞廳、直玩到天亮的星期六晚上，一樣地無聊。看著他們呆滯的眼神，就像那些對生命已不抱任何期待的人會有的眼神一樣。我不禁想問，是什麼讓他們沒有繼續往高速公路的快車道丟石頭？下一個死亡遊戲會是什麼？……

而那些曾經因為絕望而痛捶心肝的大人，那些曾經為了年輕人悲慘的命運而哭泣的大人，他們都做了什麼？沒有。喔！也不是完全沒有：他們在每一座高速公路的陸橋上裝設了兩支警告標示牌。

「你們了解什麼是無聊嗎？無聊在你們的生命中占多大的比重？」我這麼問翁布利亞（Umbria）一所高中的學生。結果，有大約三分之二的人表示自己每天都很無聊。

一個年輕人不只是需要活在一個富有、美麗，所有人都騎著腳踏車、環境受重視、工作機會充足的城市裡而已。

無聊，對孩子的生活來說是一種危險。

無聊，是一種情緒，不只會對一代代的孩子帶來許多大大小小的禍患，也是許多種心理不安的前兆。真正的無聊是來自內心，而不是外在。那些感到極端無聊的孩子，常常都是生活最富裕、已經擁有「全部」的孩子；不只這樣，他們所擁有的還包括了似乎永遠都過不完，也不知道該如何去運用的時間。另外，過量的刺激也會破壞一個人的創造力，讓人變得冷漠、被動。一個孩子也許可以一個人自由地在一間超大型的玩具店裡逛，但當一開始的興奮與快感過了之後，他就不知道要做些什麼了。

無聊，也是人遭受挫折之後會出現的一種情緒。當一個社會的生活水平比較高時，年輕人的期望往往也會有過高的情形。大家可以問問自己的奶奶在十八歲時，希望自己長大了以什麼維生，再問問她現在實際所從事的行業是什麼，就會發現：兩個答案之間其實差距不大。如果把同樣的兩個問題拿來問問現在十八歲的年輕人，你會發現第一個和第二個答案之間存在著很大的落差，而這個落差正好顯示了一種挫折、一種建立自我認同的困難，以及一種建立計畫的困難。

無聊，更是經由學習而來的。

我們可以這麼做：保護我們的孩子不被一切所困擾，用奢侈品淹沒他們，完全剝奪他們的慾望、想像力，還有實驗新事物的需要。這樣長大的孩子，不會知道為自己建立起自己所缺乏的部分有多麼美好而重要，他們只會變得膽大妄為又敏感怕事。接受這種最糟糕的教育的孩子容易不戰而走，輕言放棄，也害怕立下需要付出、犧牲的抱負；他們活得很被動、依賴他人，總是用抗議來粉飾一切。

如果可以經由學習成為無聊的人，那麼，教導孩子不要成為無聊的人也是可能的。對付無聊唯一的疫苗就是具有創造性的聰明才智，但要培養這劑疫苗並不容易。你可以問問看一個父親或母親曾有多少次帶著兒子或女兒去博物館，跟他們一起在裡面花半個小時（而不是兩分鐘）看夕陽。現在已經很少有父母相信這麼做是很重要的，而且是比游泳課或加入運動活動來得重要許多。

試著請孩子說說他的爸爸晚上回家時是怎樣的光景。由他們口中形容的會是永遠一成不變的影像：一樣的動作，發出一樣的聲音，而這一成不變的重複就這樣扼殺了一個人所有的感覺。創造力，需要更新、每日每日加強，還有，不能假裝。

有多少小天才是被那些會把個體性變得平板的學校給吞噬消失的？有多少次我們會對著一個五、六歲孩子的畫作所展現的纖細情感、自由的形式與用色大膽的能力發出讚嘆？常常，只要三到四年，就可以讓這樣的一個孩子開始畫出一棟冒著煙的煙囪與小徑通往大門的房子，這也正是所有其他孩子都會畫的平庸造型。

有太多時候，學校並沒有幫助父母去相信，聰明是一種個性的自由展現。「您的孩子很聰明，可是不專心。」大概有十幾代的老師都這麼說過。他們這麼說只是想告訴你，在我們的教育文化裡，一個孩子的聰明才智和擅於表達的能力都應該重新被引導到專心上，也就是往更高一級的認知能力的練習上（所有的孩子都要會背九九乘法表，可是我們無法因此就認定他們都很聰明。）。一位有能力支持、依循個人的計畫進度，隨著每個孩子獨一無二的表達能力而進化自己的教師，永遠不會對他的學生產生主觀、甚至武斷地下評論，他可能只會說或至少會這麼想：「您的孩子很聰明，『因此』他不專心。」

「無聊」與「具創造性的聰慧」不需要整形手術，它們本身就是一種足以使孩子的學習形式產生革新的行動。

為了避免再發生這類傷亡事件，派一隊憲兵去外環道巡邏、要求狄斯可舞廳提早一小時打烊、在每座橫越高速公路的橋上掛上牌子……這些做法全都是小看了那些做出這些行為的孩子的智商。在採取上述動作前，我們是否能先反省：是什麼讓一個年輕人那樣自暴自棄、以卑劣的方式來消磨時間？甚至我們是否可能開始規劃針對年輕人的新一季政見？想要了解一個少男或少女到底想在星期六晚上尋找什麼，就必須了解他們在整個星期的生活中無法達成的事：從星期一到星期五，如果他們的時間都過得（或者說都活得）一樣地單調乏味，那麼，他們在星期六就極有可能會去找一些特殊的、可以振奮情緒的、不尋常的刺激。

年輕人有權過著充滿情感的生活，即便是成年人或老人也一樣。與其一味地控制年輕人周末的行為，不如試著讓他們平常的生活少無聊一點。

要想吸引我們的年輕人，這個魅力不是只來自家庭或學校，而是整個城市都要有這個魅力。

幾個月前，我有幸與佛立（Forlì）的市長見面，他是一個隨時都做好準備且能力極佳的人。會面時，他提到一項改造一個大片虛置的公共空間的計畫。我建議他利用這個寬闊、位在老城區的空間來建立一個青少年活動中心，一個日夜都開放的地方。在那裡，可以舉辦表演，也可以裝修一間錄音間；可以畫畫，也可以唸自己寫的詩；或者也可以在自家人經營的餐廳吃頓晚餐。這是一個年輕人的夢想工廠，裡面充滿他們的計畫，還有文化產物。這裡也可以只是停留的地方，或者與朋友碰頭、一起消磨時間的地方。這麼做並不是要為孩子們在狄斯可舞廳之外找到另一個去處，而是為了讓他們不用等到星期六，也不用靠啤酒、藥物、高速駕駛，就可以做一些刺激的事情。

這個願望可能實現嗎？或者只是個不實際的想法？為什麼一座城市不能照顧到最年輕市民的需要？為什麼一位市長不能有決心的意志，好好去對付市民們的無聊：一邊激發他們的創造力，一邊創造出一個空間，讓老師與父母都可以更深入了解自己的孩子，而且可以在他們的成長過程中，遠遠地、沒有恐懼地陪伴他們一段？

8 探索，點點滴滴讓靈魂更美麗

羅馬一所中學的學生會邀請我去做一場座談。很有趣的氣氛，很大的騷動，比起沒有學生會的學校有創意得多。座談會結束時，一位女學生讓我看了一份問題集，裡面的問題全都是由他們一群同學共同想出來，再請學校裡其他同學作答、整理出來的。這些問題主要是圍繞在他們的生活上：對自己、對這個世界有什麼樣的期望、希望和計畫。當我翻閱這份問題集時，發現了一個從來沒有出現過的詞：快樂。我問了將問題集交給我的這位女學生，她告訴我他們也察覺到這件事情，而且覺得這個詞很「彆扭」，很難說出口。

我想，在這樣的彆扭中，是否隱藏著一種不成熟、對活著的恐懼？

在我們的文化裡，人們並不熱中於追求快樂，尤其是那些怯於與年輕人討論這個話題的大人。我們仍然被歷來生活中充滿變數的那種恐懼給綑綁住，而這種害怕也曾緊跟隨著我們的先人。幾個世紀以來的基督教信仰，讓我們對於活在愉快裡這件事只有恐懼，而且是極度害怕真的能與愉悅相遇，於是我們就這樣屈服於這種拒絕快樂的環境，轉而把注意力專注在存活下去這件必要的事情上。對佛洛伊德來說：

「文明進步的代價是，不斷增強的罪惡感、不斷縮減的快樂……人們總是錯誤地把快樂與安全感畫上等號。」

這一切對我們的爺爺奶奶那一代來說是可以理解的。從才結束的戰爭中死裡逃生，躲過瘟疫或乾旱的侵襲，他們活過了那種完全不知道此刻會不會是他們生命裡最後一刻的時代。生活在今天這一小塊被各種奢侈品包圍的地球上，大部分的人可以說是擁有足夠的安全感的，可是，人們卻很頑固地連提也不願意提到「快樂」這兩個字。

根據迪奧多・阿多諾（Theodor Adorno）的說法，我們應該會同意快樂就如同一般事物一樣正常：我們不是擁有快樂，而是已經身在其中。沒有一個快樂的人知道自己是快樂的。阿多諾說，要想看到快樂，你必須從其中走出來。這也就是為什麼上一代的人很難選出一個正面的教育模範，我們也仍然無法只是去感覺，而不是去做。於是，「你快樂嗎？」這個再自然不過的問題，對青少年來說，反而難以回答。一位在日報上有個知名專欄信箱的心理分析師告訴我，他很驚訝居然從來沒有人問他快不快樂。可是，如果連一個擁有社會公器、名利雙收又廣受愛戴的男人都不能說他快樂，那還有誰才是快樂的呢？

以前，飢餓、貧窮、死亡等是人類痛苦的原因，但今天在我們達到這些基本需求之後，我們卻只想著聚集更多物品、更多金錢和更多其他東西。難道這些就代表了我們的自我識別嗎？這些就代表溝通、代表感覺了嗎？我們假裝不知道，要追尋真正的快樂必須透過真實與清明的心境才能達到。接近快樂，意味著一個很大的奢望：活在真正的情緒裡。可是，如果年輕人們害怕這麼做呢？

一個來自曼托瓦（Mantova）的文組（**譯註：義大利的高中是依學生將來想申請的大學科系來分組**）女高中生告訴我，在許多令她害怕的事情裡，最令她恐懼的就是墜入情網。

「愛情是個大騙局。」她說。

「那妳是怎麼面對愛情的？」我問。

「我有一個解決的方法：我會讓自己去喜歡那些我其實不怎麼喜歡的男生；但一旦我發覺他會讓我愛到失去理智時，我就會馬上逃開。」

「太大的興奮往往是危險的，就像去查探流沙一樣。」這就是許多父母和教師教給他們的兒女與學生的。最好的做法是選擇平庸，好好抓住一張平平無奇的飯票，更好的是一份不錯的薪水，而不是一個不安而美麗的靈魂。許多大人寧願讓他們的孩子對情緒的感知變遲鈍。

9 讓情緒介入……

越來越多的現象顯示，我們的教育方式與教導孩子認識情緒正好背道而馳。

我在波得儂涅（Pordenone）和一群小學老師及家長見面。我請老師們做一個簡單的測試：日後上課走在學生的課桌椅之間時，不時無預警地隨手摸摸其中一個孩子的頭，十有八、九被摸頭的孩子會自椅子上跳起來。這個動作本來是個鼓勵的動作，對孩子來說應該是很尋常的，可是孩子們卻很不習慣，就像獎勵一樣，「摸頭」變成一個不平常的特殊動作。「這也沒什麼不好，」一位女士斷然地說，「我是送我女兒去受教育的，不是去被摸頭的。」

我告訴一群維洛那（Verona）的小學老師關於一個媽媽的抱怨：在一個學年裡，她那個有適應與學習障礙的七歲兒子已經換了八個導師。試想，有哪個被虐狂可以忍受這種不斷換導師的精神壓力？其中一位老師天真地回答我說，她服務的學校的校長有一個分開的理論，他認為老師和學生之間有情感上的連繫，對學習有害無益。顯然地，這位老師很贊同這個理論。

垂比索（Treviso）一所學校的兩位老師讓我看了一封來自校長、措詞婉轉的信。信上表示，鑒於許多家長因為媒體上所報導的猥褻兒童案件而產生巨大擔憂，他懇請老師們馬上停止對學生有任何肢體上的情感表達，以避免產生誤會。

波得儂涅的那位女士、維洛那的那位老師，還有垂比索的那位校長，他們想要表達的是什麼呢？不和學生建立關係，老師要怎麼教育孩子？不能有情感的交流，像是不能摸摸頭或者連一個親吻都不行，老師又要怎麼和孩子建立關係？

一位來自列特拉（Lettere）的老師，在一個為格洛瑟投（Grosseto）的中學所舉辦的教學更新課程活動裡問我：

「要怎麼樣才可以教孩子們關於情緒的事情？」

「熱情地教授義大利文。」我回答。

「我的熱情早在二十年前就消失了。」她回答，聲音裡聽不出太多的惋惜。

我想，在我們的校園裡，有太多人早已不知熱情為何物。許多從沒有接受過、也沒有被教導怎麼樣去感受的孩子，他們長大成人後，可能自己去製造感受或者尋找情緒嗎？這樣不是開教育的倒車嗎？

我的朋友歐利威羅．托斯坎尼教了我一個小遊戲：給十來個九到十歲的孩子所有著色必備工具。每個人發一張紙，紙的中央有一個由許多小方塊組成的大方塊。孩子們就在紙上自由著色，並在自己的著色紙上簽上名字。之後把所有東西都拿走，改讓孩子們玩其他遊戲，讓他們忘了剛剛著色的東西。一段時間之後，再發給孩子們另一張與之前一模一樣的紙。這次在孩子們重新著色之前，先要孩子們靜下來，閉上眼睛、專心想自己當下最討厭的人。確定孩子們都想著自己最討厭的人之後，讓他們張開眼睛並馬上開始著色。著色完成後，把每個孩子之前著色的紙拿出來做比較。哪一張比較美？全都是第二張，有著討厭情緒的那張；但，這並不是因為內在的厭惡讓著色變美，而是因為孩子在畫第二張圖時，比第一張圖多了其他刺激。

興奮感對人的能力有催化作用，也就是情緒波動可以幫助孩子把潛在的天分表達出來。因此，老師們的教案設計都應該秉持一個簡單的原則：「讓情緒介入」，幫助孩子充分發揮他們的潛力。

10 走出去看看世界

茱莉亞，住在北方一個大城市裡的女孩，每年冬天的周末都在滑雪場度過。這個滑雪場裡有一條近乎垂直的滑雪道，能達到讓人瘋狂的速度。茱莉亞是個美麗、聰明且家境極好的女孩子，很難理解為何她會如此著迷於這樣瘋狂的滑雪方式，每個星期日都願意冒著死亡的危險去滑雪。接受訪問時她說：「在短短的那幾秒鐘裡，我覺得我被吸進一個美好的漩渦裡，什麼也感覺不到……外界、生命，在那一剎那再也不存在……」

茱莉亞這個世代的孩子，他們是一個循著一條繃得緊緊的繩子生活的世代：走路的時候不想著周遭的世界，卻感覺到腳下的地獄充滿著痛苦與無聊，那是一個強烈而真實的感覺。

對這些年輕人來說，腳下踩的那一小塊地方，就是全部的喜怒哀樂，沒有任何地方會與他們目前可以接觸到的實際生活有什麼不同。對他們來說，旅行已經失去了意義：他們再也不關心自己的想像力可以如何馳騁，對於怎麼樣才能脫離一成不變的日常生活也提不起勁。矛盾的是，在他們之前，沒有一個世代像他們一樣享有這麼多種運輸工具和經濟上的可能性，然而，這些卻只是讓他們的移動更加困難，好像他們的機動性全凝固在擔憂迷失的害怕裡一樣。也許這些原本應該具有催化作用的條件，反而成了把他們牢牢黏在自己的富裕生活上的枷鎖。

週期性地遷移到遙遠而不同的地方與文化，已經成為過去式。這個世界有多少年輕男女是仍然在搭便車旅行的？今天，要去利米尼過夜或美國遊學，回程機票都是事先預訂好的。和以前相比，現在的年輕人也比較傾向於行程確定的遷移，而不是那種行程不定、令人不安的方式。我們的孩子無法感受到自己是世界公民，這種情形就反映在他們的字裡行間：那是一種只是寫給自己看的寫作方式，只限於他們生活所在的那小小一塊，目光短淺狹隘，完全無法談及他們這個世代以外的事情。

李奧納多．夏夏（Leonardo Sciascia）曾寫道：

旅遊的況味，在於完全不認識即將前往之地的任何人，或是幾乎沒有認識的人；旅遊的況味，在於自己沒有任何評論可陳述，也無須把自己交到任何約會裡去；旅遊的況味，在於對自己沒有任何承諾，可以毫無牽掛地去看那些想看的事物，而這些事物通常不多……

新世代的年輕人之所以不再出走，也許是因為他們把原本應該用來追尋陌生事物的注意力全轉向自己，並且把對未知事物的好奇心都留給了虛擬的事物。對他們來說，所謂的冒失與輕率，並不存在於東方或西方的高山與沙漠中，而是在自己的家裡、自己的巢穴裡，他們就像是把粗鋼索架在自己家裡的屋頂上，然後走在上面做特技表演的人一樣。

對於這個世界，孩子們比較想去想像它而不是去認識它。也許，那些他們沒有意識到的，或者說是大人們沒有歸還給他們的，對他們來說，都應該是很陌生而且很醜惡的吧！

11 教孩子怎麼生活……

有位丹麥同事來訪，幾個朋友一起辦了一個晚餐聚會。用完餐後，我們在客廳裡聊天，直到主人的女兒進來、加入我們。她是一個三十歲左右的美麗女子。因為喝了點酒，大家聊開了，丹麥同事問她今天為何會回到父母家來？這時，她的父母很驕傲地說，他們的小女兒從來沒有離開過家。當我的丹麥女同事發現不只這位女兒很滿意她現在的依賴關係，她的父母甚至更高興時，她的驚訝變成了不解。

我試著向她解釋，這並不是一個不正常的家庭，而是現今義大利大部分家庭的寫照：十個年輕人裡有七個會繼續跟父母同住，即使滿三十五歲、選擇獨自居住的年輕人，也有一半以上會跟自己的原生家庭住在同一棟公寓。

丹麥同事目瞪口呆，問我，從我診所裡的個案中，是否可以看出這種跡象？我告訴她一個會在我的工作室裡固定上演的場景來做為回答。

主角有：

爸爸、媽媽以及一個剛滿二十歲的兒子或女兒。通常這些父母都很有錢。兒子或女兒是正在大學上課但不參加考試的大學生（譯註：義大利的大學不是學分制，而是選科制，期末每一科都會舉行考試，只要通過規定數目的考試就可以取得大學學位，因此大學也沒有年限，但是不參加考試就無法畢業、取得學位。），或者應該說是除了「上大學」，幾乎什麼也不做：晚上出門，從一間酒吧到另一家夜店，自一家披薩店移到朋友家，從廣場到狄斯可舞廳，直到天明。喝得很多，聊得很多，只在星期六小小地吸毒。

劇本是這樣的：

媽媽質問兒子／女兒：「為什麼不認真讀書？」

兒子／女兒回答：「我不想，我有我的節奏。」

這時候，爸爸問：「為什麼不找份工作？」

兒子／女兒回答：「找不到，想做的工作更少。」（想做什麼，連他們自己也說不出個所以然。）

爸爸又說：「可是你／妳不可以什麼都不做地賴在家裡，為什麼不搬出去？」

兒子／女兒回答：「我為什麼要搬出去？我在這裡住得好好的，而且外面的房租太貴了。」

這樣的劇情通常會再持續一陣子，直到父母中的一人終於提出一個問題：

「那你／妳想做什麼？」

兒子／女兒回答：「什麼都不想。你們有三間公寓，一間你們住，一間我住，另一間給我收房租過日子……我這樣就好了。」

這並不是特殊案例，不過是某些社會學家樂觀稱為「延長的青春期」的真實情況，兒子或女兒都住在父母家，就像住民宿一樣：他們總是在家，午餐跟晚餐在家吃，帶男、女朋友回自己的房間睡，有時候還跟父母要零用錢，就像只有十五歲的時候那樣。

的確，除了某些「外在」因素或一些理由之外，有很多年輕人都是自願做這樣的選擇。因為沒什麼工作可找，租房子當然就更不用提了，更何況家裡真的很舒服，衝突少，自由的時間也多，因此搬出去獨立的理由就越來越弱，留在家裡的誘惑相反地變得令人無法抗拒。當然，對父母親來說，他們一點也不會對自己在兒女心目中的地位仍這麼重要而感到不悅，反而認為這是對一種小小權力的確認：他們仍然可以照顧自己的兒女。

對很多義大利年輕人來說，依賴父母是理所當然、無須懷疑的；也許他們認為這是在享受國家沒有為他們提供的一種家庭津貼。不只如此，最近最高法院更在一項判決裡，判定被父母養是孩子的一種權利。但是，這些在過去早被認為應該自立且已成年的年輕人，現在仍要求父母資助是對的嗎？

再看看我們的政府單位，不論是全國性政策或地方政策，都沒有提出任何獨立成家專案計畫（譯註：這裡指的是對於試圖搬離父母家獨立生活者，政府會提供補助的專案。）。有少數幾次，當這些和父母同住的年輕人試著提出某種申請補助時，所有的資源卻已被只限年輕夫妻或即將結婚的新人申請的購屋貸款所耗盡。在政府的認定裡，年輕人現在住的地方就是他們該待的地方。如果說有誰是真正有資格接受幫助的，只有那些決定要結婚的人才是，好像在這樣的年紀裡，非婚姻關係的同居試驗並不是必要的。

在越接近孩子成熟的時刻，讓孩子「在一個可以自主的房間裡成長」是必要的，而且是合情合理的，但是卻被大人們極度的焦慮所阻礙。孩子搬出去的要求被解讀成是拒絕父母，是對「為孩子們做了許多犧牲的父母」不知感恩。

其實，問題正好相反。孩子在度過青少年期後離開父母的家是一個必要的過程，在教育上非這樣做不可。這麼做並不表示背叛父母的愛；相反地，不強迫孩子與父母同住，反而能讓孩子與父母更加了解彼此之間的連繫有多堅固。盎格魯薩克遜人發明大學預科制度並不是偶然的。預科的用意是用來做為年輕人對家庭的依賴與獨立生活之間的緩衝期，對於即將抵達青少年期尾聲的孩子，仍然能在生活上給予監督，同時又可以讓他們開始嘗試面對成年生活裡所必須承擔的責任。雖然我們沒有設立預科制度，但我們至少可以鼓勵那些高中畢業後，想繼續升大學的年輕人，選擇外縣市的大學就讀。

這個選擇將迫使孩子去面對不同於自己之前所習慣的生活模式：安排自己的生活空間象徵了自我實現的可能；練習自己去安排生活的能力，在沒有大人監督下經歷自己的悲喜。對年輕人來說，在還不用承擔建立自己家庭的壓力之前，經歷上述獨自生活的經驗是不可少的。

如果父母能有這樣的勇氣，就可以幫助自己的孩子成長、成熟、堅強，而不再是事事都由父母去為孩子完成。

孩子對父母的依賴，並不只是經濟上的原因而已。最近，與鄔地涅（Udine）省一位約三十歲的年輕人談過後，我發現這個問題並非那麼簡單。因為即使是有能力自己付房租、獨立生活的年輕人，就像和我談過話的這位年輕人，也不認為離開原生家庭、搬出去獨立生活，在他們的年紀來說是必要的過程。很明顯地，問題非常複雜。

父母與子女之間的關係，早已不再是對立的。從子女踏入青春期，父母就能夠給予孩子完全的自由，這是需要父母與子女間互相包容才能做到的，許多家庭甚至應該因此為自己感到驕傲。

不過，真正改變整個情況的原因應該是：父母的罪惡感深深影響了他們的教育方式。在孩子不斷成長、改變的階段，他們對事物的眷戀與自主性對這個時期的他們都具有決定性的影響。

自胚胎開始，每個個體對母親都會發展出一種特別執拗的依賴，這份依賴不只是生理上的（比如為了養分），更是情緒－關係上的（超音波顯示，當媽媽輕輕撫摸肚皮時，胚胎就會游向媽媽手部的位置，並在媽媽停止撫摸時踢踢動動。）。很自然地，胎兒對母親的眷戀在出生之後，仍然透過餵奶、語言和呵護等方式繼續著。但是有不少個案顯示，現今大人對於自己的生活方式的選擇，以及社會對於大人的權利的詮釋，例如：餵奶的時間縮短、母親與新生兒分開的時間提早、廣為人們接受的替代者（保母、幼兒班的老師）的加入，都使孩子與母親之間互相眷戀的關係變得更加脆弱。其實，在孩子成長的第一個階段裡，並非有必要做這麼巨大的改變，結果當然也不全都是好的。於是，許多爸爸、媽媽對自己這樣的做法有一種揮之不去、深深的罪惡感，並產生一種補償性與焦慮性的行為：在教育方面變得比較不果斷；總是用禮物或金錢來彌補自己的缺席；很輕易就改變對孩子應有的規則和家庭生活作息的要求……

而當孩子接近解禁的年紀時，或者說是開始實驗自己的自主能力時期，父母的罪惡感和想要彌補的心態就會使得孩子的情感獨立階段不斷往後延，遙遙無期，只因為父母無法準備好去面對必要的分離。就這樣，父母－子女的關係變成了如同青少年與青少年之間、不成熟者與不成熟者之間的對比關係，甚至在情感上互相勒索。

漸進教導孩子懂得自治是很基本的教育。許多年前，在一個機會下，我會見了義大利心理分析的先驅凱撒・目撒提（Cesare Musatti）。那時他已年邁，我則是個年輕、滿是理想的心理醫師。我當時主張應該幫助病人「自然痊癒」，而不是幫助病人有意識地明白自己的不同，由病人去承擔事實（**譯註：這裡的病患是有心理疾病的，而心理疾病有許多都是因為不能接受自己造成的。**）。記得那個晚上，我問凱撒・目撒提：「要怎麼樣才能辨別一個人已經好多了，或者正在痊癒中？」只見他摸摸自己長長的白髮，帶著他特有的微笑回答我：「當他們不再寄聖誕卡給你的時候。」

這真是生命的一課。他不只是心理治療從業人員的導師，更是所有成年人的心靈導師，因為所有的成年人都是教育者。去愛，象徵看見成長；但愛別人的依賴，只是一種自私的動作。

一個人能夠獨立，與他和母親之間那份初始的愛所衍生出來的一切有著密切的關聯。成熟就是負責，但責任並非常常如大人所形容的是不幸，而是自由：沒錯，童年期可以說是一個人最不用負責任的時期，但這個時期正好也是我們人生中比較不自由的一段；相對地，在我們比較有自主權的年紀，我們也同時必須承擔更多的社會責任與家庭責任。

有一天一個男孩對我說：「我爸總是幫我把機車的油箱加滿，現在我長大了，卻不知道加油站在哪裡。」

教導孩子自治，就是在教育孩子怎麼生活。

四、大人真的能聽孩子說嗎？

1 禮物，大人用來減輕罪惡感的方式

一位有名的專業人士來到我的辦公室，對我談起他十六歲的兒子：他與兒子的關係跌到了谷底，兩個人不講話已好幾個月了，兒子在學校的功課也一落千丈，家裡的氣氛變得很火爆，一觸即發。

我請他多講一些細節，以及令他覺得特別困擾的事件。在講述的過程中，他不斷提到一個令他好奇、每天固定發生的小事：好幾個星期來，他兒子每天一起床就會拿起他的手機，在手機上打同樣的字：「爸爸，記得機車。」

還有一件事：這位先生留著一撮濃密的白鬍子。他記得幾天前的一個晚上，他躺在沙發上看電視時，隱約感覺有人摸著他的鬍子，猛然轉頭一看，是他兒子站在沙發旁。

我問，他兒子有多久沒有這樣摸摸他的鬍子了。

「好幾年了。」他說。

我想不需要心理分析師，就可以了解這個小男生想寫的其實是另一則簡訊：「爸爸，記得我。」或者：「爸爸，疼疼我。」想想，是要求一輛機車容易，還是一個安撫容易？一個十六歲的小男生要等多久才能有一輛機車？如果好幾年都不會發生的事，那麼想要得到一個疼惜或者要人拍拍自己，又會需要多久的時間呢？

贈送，是一個很複雜的過程，有時候是自發的，有時候是另一種勒索的偽裝；也就是，贈送不是免費的，而是一種交換。於是，在這樣的程序裡，就摻雜了一些訊息：給與要，送與收。當一個人察覺到與其他人之間的關係有失衡的情形時，便會不知不覺地想要去重新找到平衡，這時候，禮物常常就成了最簡單的解決方式。

從事教育工作者必須仔細了解這件事。一位老師如果有機會到班上孩子的房間去看一看，就會看見很多事情。比如，他可以算一算孩子的桌上與床上散放的物品數量。如果很多，甚至過多，那麼就表示有什麼不對勁了。太多小熊或太多娃娃都代表了一種來自父母對原諒的祈求：因為常常不在家、很少有空，或者分心、沒有專注在孩子身上，禮物於是成為父母用來減輕罪惡感的一種方式。

如果家長可以勇敢地面對自己疏於親近孩子的狀況，而不是只是買樣東西當做自己無法在場的補償，那麼他就會發現，很多時候，孩子對禮物的要求其實只是一種對父母的情感要求。但是，禮物卻成了父母用來滿足孩子的這個要求最簡單、有效的方式，因為一個贈送的動作並不需要投入太多，只要有錢就可以了。

在孩子的成長過程中，如果他每次的要求都是透過物品的贈送來進行，那麼他很可能變成只愛那些讓親子關係喪失的物質；或者正好相反，他會害怕得想要避開。請送給你的孩子一些其他東西吧，比如你的時間，雖然只是一份小小禮物，卻可以為孩子帶來無限的快樂。

在我們的文化裡，餽贈的表達有被簡化為交換的危險，也就是物品成為孩子與父母之間的一種保證的替代品。物品代替了感覺，一種心靈相通的感覺；兩代之間的溝通就這樣硬生生地被犧牲掉，彼此失去了交談、互相了解以及將心比心的可能性。於是，每一種感情的表達都溶解在可怕的簡化裡，化做沉默，而沉默裡只有金錢的叮噹聲作響和使人分離的空虛感。到最後，每個孩子心中只剩孤寂，就像用銀線綁好的禮物一樣等在那裡。

2 看五十遍《鐵達尼號》的小女孩

卡司帖弗蘭可・埃米理亞（Castelfranco Emilia），義大利許多平靜小鎮中的一個。也許是平靜的日子過太久了，顯得有些慵懶，絲毫看不出是被那條自波隆那開始，通過摩店那（Modena）、雷久（Reggio）、帕馬（Parma）……穿過一個個小鎮的國道所深深傷害的小鎮。

在卡司帖弗蘭可・埃米理亞小鎮，不會有什麼大事，人們除了上班工作或是等家人晚上通勤回家，就是等著星期六到來，從爺爺到孫子，所有人都去超市大採購一番。而且，整個小鎮沉浸在一種特別尊重工作的文化裡，所有鎮民都是很踏實的人，堅信唯有工作才值得活下去。生活在這樣的環境裡，再也沒有人去注意那條擠滿了大卡車的交通大動脈，還有那些業務員駕駛的休旅車，全往都市腹地進攻，就像斧頭一樣地砍去。在這裡，一個孩子可以選擇要呼吸冰冷的雪或是悶熱的空氣，也可以選擇要在廢氣裡或是在包圍城市的幾千隻豬的屁所含的氨氣中生存，然而真實的情況是，他們很快就會學到，生命是危險而且有毒的，就像一輛好車和豬油一樣（**譯註：豬油意指美味但是對健康不好的東西，跟好車一樣，都讓人很想去接觸，因為接觸的時候會很有快感，可是實際上都是對我們沒有什麼好處的東西。**）。

在卡司帖弗蘭可・埃米理亞當地的報紙上，有時候會看到退休老人被起重機壓死的新聞，或是一些為了使市民免於汽機車廢氣與臭汽油味荼毒、一成不變的外環道路修築計畫消息，如果沒有別的意外發生時，就是經理與年輕秘書私奔的消息，幾乎沒有出現過任何刺激的新聞。

可是，接連好幾天，卡司帖弗蘭可・埃米理亞的名字突然引起全國平面媒體的注意，連電視新聞都提到這個小鎮的名字。這件發生在怎麼也讓人想不到的鄉村裡的事件，有兩位主角：一個是主演大受歡迎的電影《鐵達尼號》、全世界少女的偶像李奧納多・狄卡皮歐；另一個是瑪麗卡，眾多愛上那張俊俏臉龐的少女之一。整個事件的始末是：打從這部片子在鎮上的電影院放映那天起，瑪麗卡每天下午都去報到，這部片子她已連續看了不下五十次。卡司帖弗蘭可・埃米理亞只有一間電影院，這個小女孩每天下午就等在電影院門口，為的是要進去看不知是第幾遍的《鐵達尼號》。

製片者很樂意利用發生在一個小鎮上的花絮，以甜甜的語調為這部已經大賣的片子錦上添花的心態是很可以理解的，可是我對於媒體的關注就感到有點納悶了。他們訪問了小女生本人、她的父母親，還有每天都為她特別留一張空椅子的電影放映師。更誇張的是，甚至有鎮民希望這個足以列入金氏世界紀錄的空前紀錄，可以得到電影製作公司公開的讚揚，像是贈送一面獎牌或一張李奧納多的親筆簽名照，並認為這將是鎮上至高無上的光榮。

但是，在這些八卦新聞裡，卻沒有任何人問：為何瑪麗卡會每天這樣風雨無阻地往電影院跑？我相信原因不會只是對李奧納多的深深崇拜而已，更進一步細究，可能是因為瑪麗卡對偶像的一種瘋狂愛戀，以及受到同儕的影響。

我們能不為瑪麗卡的寂寞擔心嗎？難道沒有人想去了解是什麼原因導致她內心的空虛？而我們這些可以做為孩子模範的大人又為什麼缺席了？在卡司帖弗蘭可．埃米理亞或義大利其他城市，一個小女生在下午五點可以做些什麼？除了夢想李奧納多．狄卡皮歐之外，可能是看著一個又一個乏味的電視談話節目，或者是疲累地拖著身子去上健身房或到社區裡的Bar，只是為了看見人。

除了錢之外，那些住在富裕的波河平原的孩子，他們都從父母那裡得到了什麼呢？那些自天未亮就不停工作直到天黑的人們，積累了許多資源卻沒有時間去享受，他們唯一做的就是不停地工作，在這樣的情況下，又有誰能給那些孩子一些些情感呢？是游泳池的救生員？彈子房的老闆？還是李奧納多．狄卡皮歐？不知道這個地區的「好政府」對於自己城市裡的孩子，可以有什麼樣的好提議？

現在，《鐵達尼號》已經下檔，瑪麗卡又該到哪裡去呢？

3 大人總是來得太慢……

這個小小的西方世界已出現了衰退的徵兆。

一個悶熱的午後。一座位於大城市郊區的大賣場。排在我後面的那位先生，他的手推車裡滿滿的都是遊戲卡匣。收銀員原本快速地在收銀機上輸入價錢，卻突然慢了下來，她把一個卡匣拿在手上，細細地讀著卡匣的名稱，又摸摸前額，明顯表示她對購買那份卡匣的不贊同，然後以非常專業的口吻問道：「您有正處於青少年期的孩子嗎？我必須提醒您，這一片卡匣只有成年人可以玩……」

這片卡匣叫做Carmageddon 2，最新版本，是電玩場裡毫無倫理規範可言的暴力電玩中，最冷酷、殘忍的一種。它的遊戲內容是駕駛一輛汽車，過程中會出現一些可預見的情境和阻礙，但是這個電玩遊戲的分數並不是以駕駛人的經驗或駕駛技巧來計算，而是依駕駛人最冷酷的直覺行為來計分，也就是以駕駛期間有多少人（這些全都是無辜的行人，比如：剛買完菜提著購物袋回家的媽媽、走路巍巍顫顫的老太太。）被汽車撞到、拖行和壓扁來計算。不用提這部電玩有多搶手了！

托林諾（Torino）。一個夏天的晚上，一群年輕人聚在一起慶祝高中畢業考結束，幾乎所有人都喝醉了。當時唯一一家還在營業的夜店開在河邊。那裡並不是城裡治安最好的區域，尤其是在那樣的深夜裡，到處可見販毒者、流鶯、睡在紙箱裡的遊民。這群年輕人遇到一個有色人種的年輕人，後者可能是個毒販，也可能只是一個迷路的外國人。他們發生爭吵、吼叫、推打，然後一個大力的推擠，這個黑人失足跌落水中。黑人在水中掙扎、呼救，這群年輕人卻大聲嘲笑黑人在水裡笨拙的樣子，並往他頭上丟了個裝水果的紙箱。這一切只發生在一瞬間，可是卻像一場慢動作的電影情節：一群年輕人，看到一個人在水中掙扎，大笑取樂，而水裡的人掙扎、越來越絕望。又過了幾分鐘，這個黑人再也不掙扎了：他淹死了。

這些可以在現實世界裡玩弄死亡，就像在玩遊戲卡匣一樣的年輕人；這些可以輕易殺死Carmageddon 2裡面的家庭主婦，然後把相同的模式用在波河岸邊與自己同齡的黑人身上的年輕人，他們究竟是誰？在奧利佛・史東（Oliver Stone）所執導的電影《天生殺手》（Natural Born Killers）裡有這麼一句話：「那些年輕人可以分辨是非，可是並不在乎。」Falko Blask也曾這麼形容：那些年輕人都是Q世代（**譯註：七年級生被慣稱為草莓族，八年級生已進入青少年階段，我們稱做Q世代，Q代表cute、cool、question、quick、crazy。**），年輕而沒有顧慮、沒有道德感；自我中心；享樂主義者、冒險的愛好者；由一個全能的理想所帶領，不可預測又精於算計，把「惡毒是達到成功唯一手段」當成一種守則，而且完全相信再也沒有什麼是可以失去的了。

有人認為這只是另一個社會學上的歸類，也有人認為這些出軌行為只是少部分，相較於今日大部分年輕人的循規蹈矩，這些只是例外。如果這些Q世代以越來越令人不安的方式出現，就像是重新顯現成人世界裡最糟的部分一樣，難道我們不應該問一問，這些年輕人的負面性格到底是怎麼來的？在我們被年輕人最悲劇性的表現弄得心神不寧之前，當我們想要或是不分由說地評論（我希望不會）他們應負的責任之前，難道不必想想他們之前是否遇到過怎麼樣的壞老師嗎？

他們是誰？是什麼因素引發了這些「猩猩的幼獸」（**譯註：比喻年輕人**）的行為？是絕望、無聊、基因的傾向、變態的衝動，還是社會與家庭的影響？想要了解這些問題，就必須從這群「猩猩的幼獸」是如何生活，以及他們眼中的真實是怎麼回事開始探討起。這裡必須先釐清一件事，使用「猩猩的幼獸」這個詞並不是要引發人們對這些冷血殺戮犯罪者的同情。年輕人，所有在這樣的環境下塑造出他們的性格的年輕人，都有義務好好觀察這件事；同時，我們的社會也要對這群「很敢」的人表明這個社會的規則所在。

對於教育上的許多事，大人們總是來得太遲。大人們一向不知道如何預測事件，而是只會形容事件是如何發生，並以此為前提來做出反應，也因此大人們對事件真相的判斷，從來不是基於起因，而是依據最外在的一些現象。已經實施了一個世紀的心理分析學分辨我們的文化的方式，與那些只在昆蟲身上釘上一枚大頭針、好將昆蟲分類的昆蟲學家之間，幾乎沒有什麼不同，這種就表面來做歸類的方式，對我們並沒有幫助。

如果許多年輕人與猩猩的幼獸相似，那麼主要的問題就不只是幼獸，而是那些製造出這些幼獸的猩猩。

如果我們繼續認為，一個年輕的殺人犯只不過是墮落環境下的產物，那麼就會造成一種偏見，而這種偏見將導致一種絕對的悲觀，讓整個社會就此崩潰。另一方面，如果爆發狂（譯註：心理學用語，一種突然爆發、很強烈的心理狀況，會導致一種極端焦慮的情緒，讓人在剎那間失去行為能力，並導致對他人的暴力與具攻擊性的行為。有一種爆發狂的形式是所謂的「焦慮」，可以讓人在發作的短暫期間做出一些無法預料的動作，比如說自殺或者對他人的攻擊行為。爆發狂在法庭上已經被認定為暫時失去行為能力的理由之一，因此嫌犯可以用它來做為對自己犯下的罪行加以辯護的理由。）真的存在（也許是遺傳性的），就把人類的行為歸結為是被本能的衝動所驅使，那麼，人類的行為就沒有所謂是由學習－關係－感情三者共同作用形成的說法，而只存在著沒有責任歸屬的本能反應。如果事實真是這樣，人成為自身無法解讀的衝動的祭品，那麼人類這個物種將沒有任何倖存的希望。

此外，這個根深蒂固的偏見也引發了一些與我們的良知有關的東西。如果一個年輕人被貼上怪物的標籤（因為社會方面的原因或是基因上的變態玩笑產物），那麼，其他年輕人就是正常、生理完整的個體。只要對那些少數者加以迫害與懲罰，我們的其他所有孩子就會是安全的。另一方面，基因上或生物上的假設十分令人心安，因為這樣的假設已經將所有個人與集體的責任從根源全部去除。

再想一想，如果讓這個殺人者變成犯罪者的過程，對其他許多與犯罪者同齡的人來說，是很平常的，我們就要感到不安了。這些事件常常就像一面鏡子一樣，值得我們借鏡。細細研究許多年輕人的犯罪史，我們會發現那些還不至於殺人放火的年輕人都有一些共同點：不識字、冷漠、情感空虛……

亞伯托．阿巴西諾（Alberto Arbasino）曾經寫道：

義大利左派史上那些迷失、老化的一代只留下了失望與衝突，在多年來的混亂反應中，他們似乎沒有對國家帶來什麼有益的東西……對所有人來說，左派執政者既無用又具毀滅性，他們在我們的團體裡遺留下來的，只有憂鬱症與厭食症，而這些都不是強大的意念、大規模的計畫，或是政客戲劇性的人格所能造成的結果，而是漫不在乎的膚淺與機會主義的副產品。

我們常常把價值低落或電視上的反教育角色視為是年輕人犯罪率上升的原因，並不時提出來討論。有人不斷地重複提到，我們活在一個沒有道德也沒有倫理的社會，在這個社會裡只有金錢、對奢侈品的貪戀、冷酷的關係以及自私自利。除此之外，我還必須說，金錢，是對於過剩的過度崇拜，一種因為太過進取而形成的負面掠奪；然而，這點不但沒有被視為是一種負面的價值，反而還被美化成是大部分父母都想教導子女們去擁有的特質。

年輕人——「猩猩的幼獸」——就是這樣長成的。對於這樣的結果，難道電視與雜誌等媒體都未曾浸染過這個文化嗎？就算現代的英雄們都是些溫和、簡樸而害羞的男男女女，但，是不是有一個真正的現代典範能讓年輕人去夢想、模仿，而不是只有誇耀、具攻擊性，或無可救藥地自戀？

「社會就像個人一樣，會生出它應該會有的孩子（也就是什麼樣的社會，就會造就出什麼樣的孩子。）。」幾個月前，一位知名的心理分析師在一份日報的專欄上，針對我說的這句話加以反駁、批評。這位可敬的同事可以不贊同我說的話，但我仍然認為我所說的是事實。我並不認為這句話是一種詛咒，而是一個社會或一個人所能得到的最美、也最快樂的挑戰：因為，一個團體、一個父親或母親，或是一個教育者所持有的志向，將決定我們能否創造出容許一個更快樂的世代存在的條件；因為，我們希望我們的孩子所承接的並不只是我們的過錯而已。

我們必須從傾聽孩子重新開始。

我們會去做嗎？我們是否有能力做到呢？

4 好家庭就能教出好孩子？

兩個半裸的青少年坐在床上，一個似乎永遠不會結束的吻的特寫，除了他們自己的呻吟聲之外，沒有任何配樂，連一個低聲唸出來的字都沒有。這就是近年來最令人震撼的電影《衝擊年代》（Kids，譯註：一九九五年賴瑞・克拉克Larry Clark所執導的第一部電影。片中大膽地揭露青少年的「交媾文化」。一群紐約青少年夏日生活裡的二十四小時，生活內容不外是啤酒、嗑藥，還有到誰家去過夜。他們彼此交換不同做愛方式的想法、交往異性的類型，以及自己曾有過的戀愛關係。影片中也觸及愛滋病議題。）的開頭。另外還有一部贏得許多座奧斯卡獎的電影《美國心玫瑰情》（American Beauty），它所呈現的是今日青少年有點尷尬、困難，無可救藥卻又不得不然的狀況。

四十年前，《養子不教誰之過》（Rebel Without A Cause）這部電影引起我們的父母那一代不小的騷動。片中描繪的是迷失的一代以及他們心中的英雄，從詹姆斯・狄恩（James Dean）、娜妲麗・華（Natalie Wood）到傳奇的導演尼可拉斯・雷（Nicholas Ray），每個人都是戲劇方面的佼佼者。

《衝擊年代》和《美國心玫瑰情》這兩部電影在我們的孩子以及父母身上都投注了極大關注，而且毫不留情地給觀者震撼的一擊。衛道之士對於這兩部電影的反應十分震怒：有人指責《衝擊年代》這部影片中傳達著一種虛無主義的戀童癖氣氛，也有人期望最好不要有任何青少年去看《美國心玫瑰情》這部電影。比較中肯的意見是，有人認為這兩部電影為家庭敲起警鐘，也對兒童與青少年遭受冷落可能產生的危險發出警訊。

很明顯地，這兩部作品所要表達的並不只是影片本身的表現手法而已，它們的主要成就，在於將一個青少年和他所屬的團體在日常生活中所展現的勇氣，忠實地描繪出來：在性愛中度過每一天、在朋友家的無聊聚會、看滑板表演錄影帶、抽大麻；擬定對社區裡的處女狩獵計畫、故意去誘惑爸爸五十歲左右的朋友；在超市裡順手牽羊，或是從父母的口袋裡偷拿點小錢；置身於充滿迷幻藥麻醉的狄斯可舞廳、誰打賭輸了就得去面對流浪漢、參加完全雜交派對；談遠距離戀愛、過著無聊的學校生活；參加一成不變、連過程中會發什麼事都預料得到的小小派對……

這兩部電影既沒有過度美化，也沒有以道德主義來描繪符合社會所期待的家庭情境，以及大人在孩子的生活中缺席的場景，像是：一個可憐的媽媽邊給新生寶寶餵奶邊抽菸，還一邊看電視連續劇；一個神經質、事業有成的媽媽；或是面孔鬆弛、臉部輪廓模糊不清的爸爸們只擔心變老這件事。

電影中並不只是在談論一些社會邊緣的個案——這些個案正好成為一種很大的諷刺——相反地，片中所討論的主題正是我們的社區、我們的家庭，還有與我們每個人多少都有點關係的日常生活，而這也是這兩部電影令許多媒體感到不安的原因。

- 安德利亞（Andria），巴里（Bari）北部的一個住宅區。四個家庭都很有名望的青少年誘拐了一個小女孩，他們虐待她，並將她活活燒死。
- 垂比索，警方逮捕了三個顯貴家族的後裔，因為他們在狄斯可舞廳裡販毒。
- 僅僅相隔幾天，一個女孩用鐵鎚殺了她的男朋友，只為了想從他那裡搶走幾顆興奮藥丸。
- 瓦列色（Varese），兩個家境富裕的年輕人殺了一個妓女。
- 松德里歐（Sondrio）附近的加維那（Chiavenna），三個中學生用刀殺傷一位修女。

相較之下，哪一個令我們更害怕？是事實，或是電影裡虛構的情節？

對許多大人來說，他們之所以會試著去了解青少年期的孩子，是因為這個階段的青少年讓他們感到害怕。那些電影裡的主角們，其實就在你我身邊，甚至是有點太接近了，他們實在太像我們的孩子或者鄰居的孩子；大人們其實可以感受到，這樣的相似度並不是好萊塢的創作，相反地，與我們這個有點醜陋的日常生活是很貼近的。一個紐約的社區並不會和安德利亞或瓦列色相差太多，電影裡對於孩子所描繪的無聊與冷漠，與我們的城市裡的年輕殺手們（譯註：這裡指的是上述那些犯下殺人案的年輕人）所經歷的並沒有什麼不同。已經沒有情感可言的家庭、互相憎恨卻又不分手的父母、沒有影響力的學校，這些都只是以誇大的手法拍攝出來的電影情節嗎？我們真的絲毫沒有在社會新聞裡看到同樣自暴自棄的絕望嗎？

我們的報紙和電視新聞媒體有一個現象，經常在報導一些、甚至是很恐怖的青少年犯罪案件之後，接著就會特別指出這些青少年其實是「好家庭」的子女。還有，對於比較嚴重的罪案，常會加入鄰居、熟人和親戚的評論，而這些人也總會不約而同地說：「他們是好孩子……我完全沒想到他們會這樣……」然而，事實是，許多大人根本已經不再去思考這些事件背後的真正原因。

怎麼樣才叫做好家庭？我自己就從沒有明白過這件事。在我們的社會裡，好記者通常代表的是專業、有錢、住在高級住宅區，帶著昂貴相機在城裡各處遛達的人。同樣的道理，人們對那些享有特權的所謂好家庭也產生了一種奇怪的社會實證論，只因為他們的形象，所以一切發生在他們身上的事就都應該是「良好」的。根據這種方便的簡化論，只要是具有社會地位的，就不可能會做出任何不好的事才對。

幾十年來，我們一直在觀察一些因為經濟與社會問題而引發的最嚴重的心理失調問題。這個觀察本來提供了我們一個正面的角度來看待未來：藉由進步與比較完善的資源分配，將可以減緩社會上的某些心理失調現象，我們的社會仍然有希望。但是，這樣的事情並沒有發生。社會的邊緣化不只製造了更多毀滅性的傷害，還製造了另一個無法預料的新現象——生活優裕的失調。最糟糕的是，這種因為經濟條件良好而產生的心理疾病，需要更複雜的解決方式，但這並不是一些零碎的小動作就可以應付的。

5 變身怪醫日夜不同的兩種面貌

光碟片的光芒映射在牆上，戴著耳機、音量開到最大聲，一台可以漫遊世界的電腦。夜晚，青少年偏好的時間，終於可以在空了的城裡騎機車或開車亂逛，夜店與狄斯可舞廳從沒有打烊的時候。夜裡的年輕人，就像在黑暗裡變身的海德**【譯註：音樂劇《變身怪醫》（Jekyll & Hyde）裡代表惡的人物】**，試著要活在另一個空間；一個沒有大人妨礙的空間。然後黎明來臨，他們又得變回傑克醫生**【譯註：音樂劇《變身怪醫》（Jekyll & Hyde）裡代表善的人物】**，好好上學，忍耐媽媽的嘮叨與爸爸的沉默。

對今天大部分的年輕人來說，夜，愈來愈迷人。的確，現在的年輕人已不再像以往一樣受到父母那麼嚴格的管教，但是他們在白天時的手足無措，顯現的或許正是他們與成人世界建立關係的困難。年輕人喜愛夜晚，也許是因為那是他們生命中唯一沒有大人出現的時刻。夜晚，是擺脫管束的時光，是擺脫焦慮、擺脫要求的時光。當夜晚來臨，大人們才終於入睡，閉嘴。這時候，他們才得以鬆一口氣，不被品評的時光才正式開始。夜晚，是情緒可以自由遊走的時光；這個時光就像想像力恣意馳騁一樣，許多年輕人都希望它可以永遠不要結束。晚上，沒有人會認出你，也沒有人來估算、分析自己的斤兩。黑暗，提供了虛擬的空間、編故事的最好機會。在夜晚匿名的聊天裡，一種在真實生活中，遠離每天不斷被否定的自由正滋生著。

夜晚，讓人尤其不會害怕看不見。

以前，我們很喜歡Bar裡的彈子房。我們去那裡玩，去那裡跟人聊天，還有，無所事事。總是那些朋友。如果球球與馬里歐一連好幾個下午沒來，我們會去找他們。每一個人都知道每一個人住在哪裡，也知道到他們住的大樓要按哪個門鈴。總而言之，我們存在。

相對於今天的年輕人，他們度過下午時光的地方，是大人用最先進的科技為他們創造的自閉遊戲間。如果馬里歐與球球沒來，誰會發覺他們的缺席？誰會知道他們住哪裡？又有誰會知道他們家的門鈴是哪一個？

在這些年輕人當中，有多少人害怕自己不存在？害怕自己成為這個注重表現自我的社會裡的邊緣人？在一個原本應該是意氣飛揚、想要向世界吶喊以表明自己的存在，以及渴望被看重的階段，卻察覺到自己的渺小與無足輕重，是件多麼令人難過的事啊！

夜晚，提供的是一種終於可以做選擇、可以匿名的狀況，沒有人認識他們。可是，一旦黑暗褪去，另一個白日又將來臨。這代表了另一個必須戴上面具的日子。對許多年輕人來說，這樣的情形一日比一日難捱。

風平浪靜的夜晚，年輕的船長正掌著舵，身穿睡衣。船員都已入睡。月光突然照亮了一個溺水者的屍體。年輕的船長好奇而躊躇地看著溺水者。這個身陷海裡卻不呼救的人是誰？他為何有著如此令人不安的面貌？

康拉德（Joseph Conrad）最美的小說之一，《祕密夥伴》（The Secret Company）於焉展開。

這個人其實就是船長自己，或者說是另一個自己的投射，既是他也不是他。這具屍體對船長的誘惑就在於從表面上看來，他完全無生氣而陌生，這正是與他相似的那一點，也就是這一點在攪擾著他，因為骨子裡這一點也屬於他。

對一個青少年來說，鏡子是一項有用的工具，不可少卻又令人害怕。這面薄鏡幫助他探索自己的身體、自己的蛻變，以一種可能的方式來定義自己；這面薄鏡也讓害怕延遲發生，卻又同時加劇了伴隨著某種增長中的自我識別而來的恐懼，使得他對自己這樣的身分充滿矛盾與混沌不明。當他照著這面薄鏡，他同時也在這面薄鏡裡塑造著他的另一部分自我；然而，透過這面薄鏡所建立起來的形象，卻也常常是最扭曲、有時甚至是與那個原本想為自己建立的形象最不相符合的一個。透過照鏡子，青少年不自覺地在鏡中創造了一個自我分身的空間；一個自己的翻版；一個祕密的自我形象；一個充滿奧妙而複雜的分身。

一個人在不斷尋找自我的過程中，鏡子是一種不致讓人白費力氣而且必要的自戀型式。如同葉慈（William Butler Yeats）寫的：

從明鏡轉向明鏡，
虛容，並不展現：
我尋找的那張臉
存在於創世之前。

在今天的世界裡，要當個青少年並不容易，比起三十年前，確實複雜多了。以前同儕的評價並沒那麼重要，最令人害怕的其實是大人的道德規範。反觀今天，如果想去狄斯可舞廳，你的外在必須無懈可擊：要瘦、上健身房練過、穿著時髦、說話風趣、有魅力。在學校，如果想要受歡迎就必須夠強悍、有競爭力，最好是能自然散發出魅力、帶得出場。這股讓年輕人在生活方式與生活型態上都日漸趨同的力量，影響範圍越來越大：想要存在，你必須向中間的模式靠攏，像大家一樣地平庸；但你除了這麼做之外，還必須在外貌上與其他人看齊。

在科摩（Como）舉辦的一場座談會上，一位女士告訴我，在這個城市裡，許多女孩子滿十八歲時，會從父母那裡收到一個整形手術做為禮物。

一些年輕人警覺到這個威脅，不畏辛苦地開始去尋找屬於自己的空間。這是一種追尋；這種追尋將他們帶往自省的路上，甚至將他們帶往追求一種新的神祕主義。這就是「新世紀」（new age）文化為何得以流傳、某些學派的學說得以成功推行，甚至令人狂熱的原因。換句話說，這種追尋並非總是有自覺的。這種朝向精神方面的追求正好與一般物質消費的誘惑形成對立，而大部分年輕人對物資誘惑似乎都無法拒絕。

今天的青少年，他們的目光被「追尋自己的另一面」所吸引，卻又同時為它所拒絕。而同樣吸引他們卻又同時拒絕他們的，還有成年人在他們身上所看見的不同（相異性）的恐懼。

拉賓（Yitzhac Rabin，**譯註：曾擔任以色列外長**）在遇刺的前幾個星期曾經訪問過威尼斯，並發表了一篇關於Rialto橋的演說：

「它的建立，」拉賓說，「就在東方與西方之間，正好是人們紛紛前往東方尋求新空間、新土地與新人民的時代。那些年正好是一個文化發展達到巔峰的時刻，而此一文化的祝聖（譯註：宗教用語，在這裡的意思是指這個文化現象正式被接受、正式形成。）正好與人們渴望尋求嶄新、不同事物的需求相符。在所有來自同一個文化根源的人當中，那些最無畏、最獨立的人們展開了旅程，整個社群都歡欣鼓舞，因為他們意識到，學習走向未知不是絕望，而是成長；學習走向未知是整個民族的財富、科學上的發現，也是文化上的成長。再次，人們由相反方向走過這座橋，由東方到西方。許多人回到了在安全的牆包圍下，那個受到保護的家，自己的窩。許多年過去。那些年裡，處處充滿著對他人的恐懼，那是一個因為資源不同而帶來黑暗威脅的時代；那是一段最黑暗的時代，也是這個文明最黑暗的時期。」

只要想想那些在住宅區裡的獨棟小別墅出生長大的孩子，你就可以了解拉賓的意思。原本應該處處展現優渥生活與社會優勢的地方，卻變成小小的城寨，住在裡面的家庭甚至被懷疑是否被鎖在裡頭了：被鐵欄杆圍住的獨棟別墅，日夜有閉路電視與監視器監視著，管理良好的花園則有兇猛的狗看守著。想想，在這麼緊張、防衛森嚴又重重隔離的地方長大的孩子，要如何變成大人呢？這些已經學會害怕、學會怎麼樣討厭別人以及與自己不同的孩子，他們對別人和與自己不同的人又會是怎麼樣的想法？

類似的偏執觀點，只會使我們的社會關係和親愛關係逐漸消逝、愈來愈疏離冷漠，而且在與他人建立關係與情感的過程中受到更多的阻礙。同時，人與人之間溝通的範圍也因此越形縮小，朝著自己的肚臍眼裡去，最後，一種與人毫無關係的感覺終於完全霸占、消除了對每個人來說已經很陌生的東西——相異性。

為什麼就是沒有人看見，對年輕世代來說，唯一可以拿來對付冷漠這個最黑暗之惡的抗體，就是相異性的文化？

怎麼沒有人看見，一切美好的表達——好的音樂、好的建築、好的藝術、好的電影——一切人類最美好的創造，都是根基於相異性？

過度讚揚自我中心的思想，使年輕一代過分看重自我的價值，以及簡化的道德規範所造成的似是而非的雙重標準，這些都將更加令人感到不安與害怕。

許多青少年有如著魔般轉而朝向自身去探索，一股魔力不斷引誘著他們去發掘內心深處裡那個最隱密的另一個我。他們是如此熱愛另一面的這個自己，更把他當成一種獨特的天賦來炫耀：他們的文化裡唯一能被接受的相異點（不同之處），已經有可能成為某種手段；這個手段就像主宰著某種無法解讀的資源那樣，祕密主宰著他們心中那個曖昧不明的另一個自己。

近年來，在虛擬的網路溝通形式下，年輕人對於愛有了不同於以往的詮釋方式。以聊天室來說，它允許絕對的匿名，你可以肆無忌憚地談論任何話題，對於不明的事情也可以一路探究到底。這是一種在其他地方不被允許的相異性，也因為這樣，網路與新的通訊科技似乎有成為反慣例的形式主義（**譯註：只注重形式條件，而忽略內在實質精神的思想潮流。**）的危險。相對地，在虛擬的世界之外，大概只有當個徹底服從大眾所認可的規範的可憐蟲才可能被接納。就像幾年前，在某些時髦的狄斯可舞廳裡或是每一個時代的嘉年華會裡，不管人們做的事情有多荒謬一樣。

在翠斯特（Trieste）一所精神病院斑剝的石灰牆上，義大利文化史上最重要的天才之一，法蘭可・巴薩亞（Franco Basaglia），用斗大的字母盡情地寫下充滿啟發性的句子：「接近地看，沒有人是正常的。」

儘管虛擬的網路世界讓越來越多青少年對他人失去興趣，只專注在自己身上，但卻也提供青少年一個可以了解更多溝通文化用語的機會：那是一個可以帶領他們更加認識自己內在生活的途徑，一個不需要特別壓抑或太多的關照，就可以了解自己內在的複雜性的途徑。

青少年對他人不感興趣，我們能說他們不對嗎？現在連心理分析師都對這種現象憂心不已，他們已隱約見到這件事對心靈本質的傷害，而且有個十分悲觀的結論：如果沒有具備強大的自我防禦系統，人類將成為充滿毀滅性與自我懲罰的衝動下的犧牲者。

另有一部分的年輕人——儘管只是年輕人中的一小部分，仍具有革新精神——則相信與自己內心的另一個自己共存是可能的，因為存在的偏差也可以是基於對另一個自己的接納，也就是對自己的矛盾心理的接納。

依照這個觀點，我們的精神生活是在一種持續的衝突中展開，一種介於除惡揚善之間的衝突。然而，人並不是上述兩種傾向之間的任何一種，而是如馬克白所說的，在兩者之間——同時存在著的慾望與行動力；享受生活的同時也必須面對各種人生遭遇；生與死——永遠不斷地來回擺盪。

直到幾年前，這個內在的糾結仍然束縛著我們，使我們在面對生活周遭事件時，仍是以比較沒有罪惡感的方式來應對。但反觀今天的年輕人，他們對於自身內在的衝突有著很深刻的了解與感知，這點與他們虛偽、順從道德主義的上一代不同；這一代的年輕人把這一切當做是人類學上必經的改變。

從現在的年輕人文化中不同於以往的性別定義，就可以看到這個改變。性別，一度隱藏在一個確定且被接納的界限裡，所有的自我矛盾和自我衝突都預示了偏離常規，強烈遭受這個社會環境的排斥。但今天，性別的識別已經不再是遵循某種預先設定好的歸屬，從文學、電影、廣告到時尚流行，都把性別之間的變換當成一種資源；這項資源不只在年輕人、女性男性化，以及男性女性化之間，交織成一種有趣的線索，還可用來了解一個錯雜、完整的社會變動。

性，這個字已經變得充滿太多含糊的語意，我們再也無法知道它代表什麼意思，就像回到了巴別塔時代，那個語言混亂的時代……也許現在應該做的是停止討論性，或者應該用更激烈的方式：廢止這個字，因為這個字已經太老又粗糙……至少我們可以重新回到神對性的用語，也就是男人與女人（而非性），除非我們再也無法適應把性視為是人性上一種實際存在的事物，否則這麼做是很恰當的。

上面這段文字是天主教世界中最具影響力的雜誌裡的編後語。這個宣示完全除去了「曖昧性」的負面意義，就好像性完全不屬於人內心裡最隱密的部分一樣（譯註：作者在這裡所提到的「自己的另一面」、「最隱密的另一個自己」與「曖昧性」指的都是同一件事。）。正因為我們無法把性視為是一種可利用的資源——就跟相異性一樣——這個情況讓性變成許多人都無法忍受的一種不安。至今，我們對於男人與女人是不同的心理實體的討論仍是眾說紛紜：一個世紀來的心理分析和歷經好幾十年的女權運動，仍無法解放一個一向以來只屬於男性的夢想。現在，正當年輕男女終於開始互相了解的時候，我們是否應該隱藏性這個字呢？當我們的兒女從幼稚園就開始與另一個性別交往，並且學著去了解另一個性別，而不是在十五歲時一下子發現了一切，我們是否真的要回到以前的那種隔離方式，以對性飽含恐懼的柵欄把兩種不同的性別隔開呢？

對成年人來說，哪一種更令人害怕？是同性戀、女性男性化，或者是男性女性化？……

女性從沒有像今天這樣，能如此勇於做這些事：計畫當單親媽媽，而且是專門挑戰直到最近才有所突破的許多生理限制。科學使所有的事情都變得可能。相對地，「男性」卻越來越被邊緣化，他們害怕自己的權利被不合法化了。

在城市裡，處處可見從容不迫又充滿決策力的女孩，當然還有沒什麼志氣又猶豫不決的男孩。不久前，我在垂比索的一所中學有一場座談，主題是關於愛與如何去愛。座談中，有個男生以無比的勇氣公開他自己在愛情上的失敗和所經歷的痛苦。如果是在二十年前，這個男生大概會因為自己無法在同儕面前以令女性心碎的角色出現而感到羞恥，因為，男生是「永遠都不該問」的，他們是許多父母的驕傲，也是許多廣告裡的象徵題材。

今天，這種男女地位悄悄的轉變顯露了一個很大的機會：一個更有主見、更強悍的女生，一定比她的母親更有能力讓別人尊敬她；一個敏感、細膩的男生在感情的經歷上，將比他的父親來得更深刻、更熱情。

到最後，性這個字更代表了關係。在一個情感關係如此冷淡的時代，我不認為它是一個必須被訂正的字，更重要的是應該問問我們自己：相較於性的文化，學校以及其他教育單位應該扮演怎麼樣的角色？

對許多年輕人來說，和性有關的一切還是遮遮掩掩、不能光明正大地攤開來談。其實，只要我們更進一步深入探討，就可以發覺感情教育仍有存在的必要。但對孩子們來說，有用的並不是「性教育課程」（這些其實是沒用的），而是探索的過程與陪伴；孩子們需要的是，在這個教育情境裡，有許多負責任、充滿熱情、有足夠能力的成年男性與女性可以教育他們關於情感關係的重要性。

試問，老師們，你們是否可以自然地、毫不尷尬地面對這個情況呢？

6 同住一個屋簷下的陌生人

我跟一群熱那亞的中學生玩過一個關於時間的遊戲。規則很簡單：全班分成兩部分或三部分，每個人都必須選一天來做逐分鐘的分析。在分析的過程中，你可以看見一些你預料中的事，還有一些你本來不是那麼清楚確定的事。比如，我對一個女孩子每天晚上要花多少時間卸妝就毫無概念：答案是大約十一分鐘。那是一個青少女可以獨自完成的最私密的活動之一——沒有人跟她一起，她必須用兩手卸妝，無法一邊跟朋友打電話聊天或發送簡訊。

最令我驚訝的是，這些孩子們獨處的時間與家庭溝通的時間——晚餐時間，幾乎是一樣的。在晚餐桌上所花的時間平均是十三分鐘，包括看電視新聞。晚餐一結束，所有家人都做鳥獸散：爸爸去客廳躺在沙發上看電視，媽媽在廚房繼續清理的工作，孩子們把自己關在高科技的墳墓裡，玩電動玩具或者打電話給朋友聊天。如果你想要嚇死一個青少年，只要建議他們把晚餐時間由十三分鐘延長為二十六分鐘即可。這對他們來說，是超恐怖的事。

在餐桌上的十三分鐘裡，孩子和父母到底可以談論些什麼呢？由於時間有限，談話用語和內容也會有所改變，像是盡量選擇談論金錢、學校等這些必要的話題，但是需要花更長時間討論的問題則會避免，比如感情。的確，這類問題通常最少在餐桌上被提及。至於父母問的問題幾乎是天天重複，於是回答也就都一樣了：「學校怎麼樣？」「很好。」／「不好。」，然後那天晚上的親子對話也就這樣結束了。

如果這就是許多家庭日常的溝通，那麼，當青少年對於自己的存在意義有所懷疑，或者當這些懷疑正在坐大時，父母將很難去揣測、感覺和介入。

和孩子談論感情與情緒方面的事，不只回應了孩子的期望，還可以讓大人了解孩子的生活是起伏不定或順利平靜？他們是否有足夠的能力面對挫折？又如何看待自己？

最近有一個針對義大利青少年抽樣的調查顯示，有百分之六十的孩子的房間裡有電腦、電玩、手機，這個數據顯示了大人與孩子的關係模式：大人希望可以和孩子隔離，將他們孤立在一個小小的、享有特權的空間裡；在這個空間裡，孩子們可以做任何想做的事。至於孩子，他們也同樣不想與家人接觸。

我們正在集體建立一種互惠的自閉形式：父母與子女對彼此一無所知，只是關係很表面、有共同習慣性關係的同居者，所有的一切，都是為了讓人以為他們是好家庭。

7 免費的暴力……

他們叫做SQUATTER（譯註：幫派名），全身充滿七彩，令人退避三舍。不久前，他們肆無忌憚地攻擊了托林諾。整個城市基於工業經濟的理由，必須與一群在法律上站不住腳的年輕人所引發的一場小運動對峙。人們把自己關在家裡，商店紛紛拉下鐵門，大家對那群烏合之眾的怒氣感到害怕。這群SQUATTER為了悼念一個在獄中自殺的同伴聚集在一起，宣稱他們恨透這世界的一切，毫不掩飾地展示了自己與他人在根本上的不同。

這樣的慌亂由數小時變成數天，所有市民與記者們突然都發現了自己的脆弱與毫無防備。

哲學家強尼・瓦提摩（Gianni Vattimo）在托林諾的一份日報上寫了一篇關於SQUATTER的文章，文章裡談到，SQUATTER這群人除了所製造的恐懼之外，沒有其他需要被了解的東西。他認為SQUATTER的口號背後沒有任何理念，那些少數被提及的意見，不過都是站不住腳的立論。依據瓦提摩的看法，SQUATTER的行為並沒有什麼新意，他們只是把原有空洞的、平凡無奇的極端主義重新包裝而已。

在那些彩色的鬍鬚、在最意想不到的地方穿孔和誇大的飾物背後，還是可以尋找到一些對這個成人世界有用的意義。沒錯，這個事件的問題不在於那些不良少年想要表達些什麼，而是他們根本就不想與外界溝通。整個事件的意義必須從他們帶有敵意的沉默中去尋找。

這樣的沉默不只代表了一小群人完全拒絕了這個包圍著他們、將他們隔離開的環境，在某種涵義上，還揭示了一種存在的問題；然而，大部分的人並無法從這群膽大妄為的後無政府主義者身上看見它。

年輕人身上總是存在著極端的衝突因子。他們一味地反對這個社會系統——這個系統是屬於他們父母的社會產物——試圖從中找到自己的定位；他們不惜使用免費的暴力，言行舉止極盡諷刺挖苦，這些都顯示了他們正試著與人溝通。他們使用的方式或許令人憤怒，也總是製造衝突，但是這些都只是他們對於自己所屬的文化與存在的方式，以及這個世界已有的觀點的反抗。即使是為反對而反對，直到現在，這樣的對立仍包含了試圖尋找透過言語來溝通的機會。

SQUATTER，或者說他們帶有敵意的沉默，所代表的是某種世代間僅剩的溝通形式；令人不安，卻不令人驚訝。這種世代間關係上的失調，應該是源自於六〇年代經濟起飛的時代。隨著經濟起飛與科技發展而來的瘋狂消費，更加深了兩代間的無法溝通：

驕傲地推動這個世界現代化的一代（父親），以及痛恨因此而造成社會差距的一代（孩子）。

不只是許多年輕人會受到這樣的考驗，敏感的人也是，比如某些偉大的藝術家，他們一方面想避開這個狀況，同時又希望能表現自己的不同之處。米開朗基羅・安東尼奧尼（Michelangelo Antonioni）的偉大作品《春光乍洩》（Blow-up）的結局，就是一個很好的說明。片中四個年輕人在倫敦的一個公園裡打網球，他們在一塊長方形的草地上移動，就像在一座真正的草地球場上打球一樣：他們像真的握著球拍似地打著球，但其實手上什麼也沒有；他們追著一個飛越球網的球跑，但其實球和球網都不存在。影片中沒有人說一個字，整部片是在一種絕對的沉默中進行，聽到的只有耳邊呼呼作響的風聲。

這些充滿寓言性的運鏡極具警示性，也傳達著一種信號：跟隨之前所走的方向，西方社會無理且殘暴地用立即主義代替了團結，用機會主義替換了快樂。今天，在那場異想天開的網球賽三十年後，我們的年輕人停止了講話，也許是因為厭倦了，也許是因為只想遊戲人間、心腸變硬了，也許是因為過早被剝奪了希望與夢想。這些不講話的年輕人，並非全部都擁有彩色的頭髮或刺青，但他們一樣不再有意願開口講話。

毫無疑問地，SQUATTER少年的作為是最喧鬧的沉默，但，卻不是最令人不安的。

8 毒品可能消失嗎？

我還清楚記得三十年前的那個夏天。那時我還是維洛納大學神經與心理疾病診所的實習生。**Hrayr Terzia**教授是我們的指導醫生，他對文化有深入的了解、具有臨床第六感，而且與年輕人相處融洽，是一個各方面都很出色的男士。那天一早，**Hrayr Terzia**教授必須到古城區一個廣場辦事，他要求我們這些實習醫生要自行管理自己。幾個星期前，那裡出現了一種免費且供應充分的白色粉末，這種粉末已經取代了那些作用較輕微的毒品。每到傍晚，販毒者就像烏鴉一樣聚集在廣場的某個角落，等著把死亡分發出去給城裡的年輕人。站在他們之間，看著他們的臉，每一個都跟我的年紀相仿，都可以當我的朋友，他們真的跟我差不多。

從那時至今，義大利已經有超過三萬人死於海洛因——海洛因之於我們，就如同越戰之於美國。如果我們曾經埋葬過那些死於毒品的年輕男女，在我們國家的某個地方，也會有一大片立著一模一樣的白色十字架、規模如同埋葬陣亡戰士的公墓。要說這片白色十字架的存在有什麼用處，也許可以說是為了讓我們牢記一場災難，並教會我們的下一代一些事情。

但，我們沒有這樣做。對於這件事，我們並不想去了解。那些因為毒品而死亡的年輕人，已經被我們完完全全地自良知中移除了。今天，沒有人再談論毒品，因為吸毒死亡的人數已經減少了。但是，這個結果並不是某個部長的政績，而是因為出現了一個比海洛因更大的威脅：一種病毒，以及因這種病毒而來的傳染病（愛滋病）。這個新的威脅使得所有吸毒者不敢再使用受污染的針頭，而是改用鼻子直接吸食，或者發明別種方法吸毒。

毒品與毒品文化，仍繼續存在我們的孩子之間。

海洛因觸動了整個世代裡最脆弱也最不安的議題，它把個人與家庭間的衝突攤在陽光下，把社會性與經濟性的衝突擺在那些應該、卻沒有受到社會保護與幫助的人面前。我們的社會直到非常晚才展開救助的行動，而且是處於一個極缺乏工具與人員、外在資源極匱乏的情況下。為了幫助數以千計絕望的人、解救許多被政府拋棄的家庭，試圖提供最特別的服務，甚至是相互衝突的服務性團體，便這樣一個個誕生了。

其實，談到毒品，令人不安的不是良知，而是荷包。那些吸食海洛因的人會偷家裡的錢和銀器、汽車音響，還會扒退休老人的錢包、搶劫商店，海洛因因此不只被列為社會問題，也是經濟上的問題。那個男孩或女孩是誰？他們在找什麼？是什麼造成他們存在上的那個大洞？可是，這些都不重要，我們的社會更在意的是對於社區安寧的維護，而不是對那些吸毒犯罪者的痛苦表示同情。

「做任何可以改變現況的事情吧！」這句話不只是一個理直氣壯的痛苦怒吼，也是理所當然的救助呼喊，更是消除許多因吸毒而來的社會問題必須的呼喊。剛開始，很多人都認為這種現象只會出現在大都會的某些墮落地區，它可以被刻意劃分的社會階層界線所制止，無法蔓延跨越；然而，隨著時間的流逝，事實證明，吸毒並沒有所謂的城鄉分界或社會階級的分野，這個社會裡沒有人可以不受海洛因所波及，即使是最下階級的人也不例外，沒有人能逃過海洛因所帶來的死亡。

海洛因所帶來的結果，使得社會大眾認為海洛因就是一種災難，難以改變。或許是因為這樣，只要一提到對吸毒者提供協助，人們即不自覺地懷著一種奇蹟式的期待：不只是治療，還要幫助吸毒者完完全全康復；不只是協助，更要幫助吸毒者完完全全脫離毒品。於是，這樣的期待更加深了人們的一種印象，以為可以用任何方式去介入，完全不需要借助科學的評估，從心理治療師到養馬協會，吸毒問題從無人管地帶變成人人要管的地帶。不管你是誰都可以做，只要是能將那些妨害我們社會寧靜和良好生活的干擾去除，任何方法都是有用的。

但是這裡有一個問題：由於接受戒毒治療與復健並不能成為合理的請假理由，有數以千計的毒癮者，不論曾經是或至今人仍是上班族者，都無法得到政府應該給予的給付。三十年來，十幾個治療團體為此不得不宣傳一個口號：「工作使你自由」。對於這個不合理的對待，沒有一位政治家、一位工會會長，或是一位神職人員真正介入，去保衛這些年輕人免於受到那些以社會控制－治療－痊癒之名而實行的、一直存在的壓榨；相反地，他們之中有些人根本就是壓榨大隊的一份子。而且，也沒有一個新聞記者有勇氣揭發這個醜聞。多年來，在那些柵欄的後面，在我們的良知不想看見的地方，沉默統治了一切。

現在，海洛因不再像以往那麼吸引年輕人，大人們於是假裝海洛因河流已經不在年輕人之間流動，甚至企圖忽略我們的年輕人每年要消耗掉近一億顆快樂丸的事實。不管是學校還是家庭，都已經不再討論毒品這個話題，只有當又有一個年輕人死於狄斯可舞廳的停車場時，毒品的存在才會再度被談論。如果我們去了解是什麼原因導致新一代年輕人去吃這種物質，就能得到許多珍貴的線索，可用來了解他們的世界裡某個堅固而難以撼動的部分，以及最重要的一點——他們和上一代的不同與改變。

海洛因（或不自覺地）被拿來做為一種麻醉劑，用來麻痺因時代的敗壞所帶來的痛苦，像是六〇年代末的年輕人企圖改變世界，卻無力實現而產生的痛苦；海洛因也曾經是個人與團體的意見分歧、被排除在外時，用來麻醉自己、減輕痛苦的藥。這些海洛因上癮者很粗魯地被我們的社會、各種儀典、社會的價值觀和社會的現代化過程排除在外。於是對於這個贏家世界的鄙視，便成為吸毒者用以「敲擊自己」的暴力，一種會導致死亡的可怕怒火。

而快樂丸，以文化溝通（傳播）的語言來說，它所代表的意義正好與海洛因完全相反。吸食人工合成的毒品，目的並不是為了遠離他人，也不再是為了用來減輕痛苦；毒品不再是為了要把自己的異常和不同吶喊出來的揚聲道具，也不再是個人試圖將社會變成更美好的夢想受挫時，減少痛苦的工具。今天，這些接近新毒品的年輕人想要說的是：「這個世界這樣就很好了，我們只要身為他的一份子即可。」如果說海洛因是夢想創造一個不同的社會的人戲劇性的吶喊，那麼，快樂丸似乎代表了現今年輕人的恐懼，一種不被某種規則——消費主義至上與競爭至上的文化規則——所接納的恐懼。我曾問一個男孩，為何要在星期六晚上服用快樂丸？他回答我：「這樣我會覺得自己比較正常。」也就是比較融入環境、比較容易被接受，至少在外表上跟大家沒有兩樣。

現在有些年輕人正飽受某種憂鬱的折磨，那是一種不確定感，他們無法感受到自己是被看重的，他們害怕自己不夠有價值，因此，我們可以把年輕人吞食快樂丸的現象，解讀成是一種他們對抗憂鬱的疫苗。對於飽受「自覺不夠好」所折磨、極度看輕自己的人來說，合成的毒品是一種來自外在的幫助。

從這一點來看，年輕人使用新毒品，與成年人或是他們的父母使用百解憂，其實並沒有兩樣。有多少成年男女每天得靠著百憂解才下得了床、靠Tavor（**譯註：一種鎮靜劑與抗焦慮劑，臨床上很常用來做為治療焦慮與身心症的藥劑。**）才睡得著、靠威而鋼才做得了愛？如果許多成年人可以接受為了生存而服用化學藥物，那麼為什麼他們的兒女不能服藥？

除了毒品所具有的社會危險性，也就是它對經濟與社會秩序的衝擊，在死亡率大幅降低的今天，我們的社會不得不面對一個處境：毒品在很多方面已經被社會所接受，成為社會文化的一部分了。

新型毒癮正是成人世界裡最不協調的矛盾，因為大人再也不可能成為言行一致的模範，也不可能再成為威信的領導。

到底要怎麼做，才能爭取到年輕人的信任？年輕人的世界跟成年人的世界其實十分類似，也因此這樣的相似性甚至在可接受的範圍內被拿來利用，呈現在我們的兒女面前。例如：當酒類的電視宣傳廣告都是合法的時候，要怎麼樣才能去對抗年輕人的酗酒問題？當香菸的製造者與販賣者就是政府自己時，要怎麼樣才能減少青少年抽菸日漸增加的情形？當幾家主要的車廠爭相找來一級方程式的賽車選手，為那些專為年輕人設計的車種拍廣告的時候，我們要如何去關心星期六晚上因為車禍而造成的死亡？

我們很難不承認，幾十年來，父母的世界與孩子的世界第一次如此相似；更尷尬的是，我們不得不承認，許多年來，這樣的相似反而使得世代與世代間相互對峙的場所與距離更加明確、清楚，而許多年輕人就在這個場所裡建立了一個自我實現的世界，同時，為了擁有一個更好的世界，他們也在這裡放棄了自己的某些部分，以達成這個希望……

國家圖書館出版品預行編目資料

聽孩子說他們希望如何被教育 / 保羅・克羅培
（Paolo Crepet）作；張凱甯譯. - 初版. - 臺北市：
奧林文化, 2009.03
面； 公分. -（親子. 生活. 教養系列；23）
譯自：NON SIAMO CAPACI DI ASCOLTARLI :
RIFLESSIONI SULL'INFANZIA E L'ADOLESCENZA
ISBN 978-957-0391-91-6(平裝)

1. 親職教育 2. 親子溝通 3. 青少年問題

528.2 97019043

親子・生活・教養系列 023

聽孩子說他們希望如何被教育

NON SIAMO CAPACI DI ASCOLTARLI:
RIFLESSIONI SULL'INFANZIA E L'ADOLESCENZA

作　　者 / 保羅・克羅培 Paolo Crepet
譯　　者 / 張凱甯
總 編 輯 / 謝淑美 Carol Hsieh
企劃經理 / 駱漢琦 Fion Lo
責任編輯 / 黃秀錦 Emily Huang
美術編輯 / 闕鈺琪 Chelsea Chueh
校　　對 / 謝淑美 Carol Hsieh
黃秀錦 Emily Huang

發 行 人 / 賴光煜
出 版 者 / 奧林文化事業有限公司
地　　址 / 10597 台北市南京東路五段38-1號11樓
電　　話 / 886-2-27469169（代表號）
傳　　真 / 886-2-27469007
奧林・大穎讀享網 / http://www.olbook.com.tw
讀者服務信箱 / service@.olbook.com.tw
劃撥帳號 / 19175904 奧林文化事業有限公司

總 經 銷 / 大和圖書有限公司
地　　址 / 24890 台北縣五股工業區五工五路2號
電　　話 / 886-2-8990-2588
傳　　真 / 886-2-2290-1658

初版一刷 / 2009年 03月 新台幣 250 元

NON SIAMO CAPACI DI ASCOLTARLI (ARE WE LISTENING TO OUR CHILDREN?)
by Paolo Crepet

ISBN: 978-957-0391-91-6

奥林文化

奧林文化